Eugenio Noriega Robles

KOLONIALES MEXIKO

192 Farbige Illustrationen

MONCLEM EDICIONES

BONECHI

INHALTSVERZEICHNIS

ABBILDUNGEN DER KUNST DER KOLONIALZEIT NACH BUNDESSTAATEN

IM TEXT BEHANDELTE THEMEN

EINFÜHRUNG

Nachdem Christoph Kolumbus (Cristóbal Colón) 1492 erstmals den Boden dessen betrat, was später Amerika heißen sollte, begann die spanische Krone, ihre Herrschaft in dem für die restliche Welt neuentdeckten Kontinent auszudehnen. So ließ man sich in Kuba nieder, von wo aus, nach zwei vorausgegangenen Erkundungsexpeditionen, im Februar 1519 eine Forschungs- und Handelsexpedition unter Hernán Cortés aufbrach, die am 22. April an Land ging und an der Küste die Stadt Villa Rica de la Vera Cruz (die heutige Hafenstadt Veracruz) gründete. Der dort eingesetzte Magistrat ernannte Cortés zum Oberkommandeur (capitán general) und ermächtigte ihn zur Eroberung. Bald darauf brach Cortés zum Herrschaftsgebiet der Mexica (Azteken) auf, des damals mächtigsten Stammes ganz Nordamerikas. In seiner Hauptstadt, México-Tenochtitlán wurde er von seinem Herrscher Moctezuma freundlich empfangen. Kurz darauf drohte jedoch ein Aufstand unter Führung von Cuitláhuac, dem Nachfolger des abgesetzten Moctezuma, die Pläne der Spanier zu durchkreuzen. Das niedergeschlagene Heer der Eroberer mußte fliehen und in dem damals mit den Spaniern verbündeten Tlaxcala Zuflucht nehmen. Von dort aus und mit Hilfe der Tlaxcalteken unternahm Cortés Vorbereitung und Ausführung des Angriffs auf die reiche und stolze Hauptstadt der Mexica, die am 13. August 1521 fiel. Cuauhtémoc, der letzte Aztekenherrscher, wurde gefangengenommen, womit die Herrschaft dieses stolzen Stammes ein Ende hatte. Cortés wurde als Oberkommandeur und Gouverneur des Territoriums Neuspanien mit Hauptstadt México-Tenochtitlán bestätigt. Für die neue Stadt wurde ein Plan mit geraden, zueinander rechtwinkligen Straßen mit gleichmäßig großen Blocks entworfen. Später wurde die Regierung Cortés durch königliche Offiziere und dann durch eine aus einem Präsidenten und vier Oberrichtern bestehende "Audiencia" (Militär- und Zivilgerichtsbarkeit) abgelöst. Bald organisierte man Expeditionen, um die spanische Hegemonie im heutigen Mexiko auszuweiten. Nach einer zweiten Audiencia wurde ein Vizekönigtum eingerichtet, wobei die Audiencia dem Vizekönig hilfreich zur Seite stand. Die Städte und Dörfer wurden von Landvögten und Bürgermeistern regiert. Eine 1548 in Compostela, Nayarit, eingesetzte und 1560 nach Guadalajara, Jalisco, versetzte Audiencia war für die Regierung in einem Großteil des Westterritoriums (genannt Neugalizien) zuständig. 1786 erfolgte eine politische und administrative Neuordnung; es wurden zwölf Verwaltungsgebiete ins Leben gerufen, die jeweils den Namen ihrer Hauptstadt trugen. Ihnen standen die sogenannten Intendanten vor, die Bürgermeister nannten sich Unterbevollmächtigte. Die Evangelisation erfolgte durch die Orden der Franziskaner, Dominikaner und Augustiner; sie waren es auch, die die indianische Bevölkerung vor dem Mißbrauch durch einige Eroberer schützten. Cortés selbst bestand gegenüber den spanischen Königen - die ihn nicht nur unterstützten, sondern sich selbst der Sache annahmen - darauf, daß Ordensbrüder für diese schwierige und ungemein große Aufgabe geschickt würden. Als die ersten Geistlichen ankamen, waren die Indianer erstaunt zu sehen, wie solch kriegstüchtige Eroberer sich niederknieten und die ärmlichen Ordenskleider der fast barfüßigen Mönche küßten. Diese Orden wirkten hauptsächlich im Zentrum und Südwesten des Territoriums.

1572 kamen Jesuiten und nahmen ihre Missionsarbeit im Nordwesten auf. Karmeliter und Mercedarier siedelten sich 1585 bzw. 1591 an. Auch nicht ordensgebundene Geistliche kamen nach Neuspanien. Diese Weltgeistlichkeit war Bischöfen unterstellt, und alle dem Real Patronato Indiano (Königliches Indianisches Patronat). Im Jahr 1539 wurde in Mexiko-Stadt die erste Druckerei Amerikas eingerichtet, und 1553 ebendort die erste Universität des Kontinents gegründet. In der Hauptstatd sowie in anderen wichtigen Städten des Vizekönigtums entstanden Hochschulen, meist unter jesuitischer Leitung. 1783 wurde die Real Academia de San Carlos gegründet, an der die Schönen Künste gelehrt wurden; 1797 das Colegio de Minería. Die Gesellschaft war zu Zeiten des Vizekönigtums in drei ethnische Hauptgruppen eingeteilt: Spanier, Indios und Schwarze. Später kamen auch Asiaten hinzu. Vermischungen all dieser Gruppen führten zu verschiedenen Kasten, die zum Teil seltsame Namen trugen, wie: Wolf, Halt-dich-in der-Luft, Dreh-dich-um, Spring-nach-hinten, Versteh-dich-nicht oder Cambujo. Andere Namen waren weniger ungewöhnlich: Kastize, Mulatte und Mestize. 1571 wurde in Mexiko-Stadt die "Santa Inquisición", das höchste Gericht in Glaubensfragen, eingesetzt, das vor allem Übertretungen der katholischen Glaubenslehren verfolgen sollte. Obwohl das Gericht mit Strenge vorging, wurde in Bezug auf seine Unbarmherzigkeit oft übertrieben. 1820 wurde es endgültig abgesetzt. Das 18. Jahrhundert war für Neuspanien von Wohlstand gekennzeichnet. Die Minen schienen unerschöpflich, und in den Bergbauzentren bestand große Nachfrage nach Lebensmitteln und Industrieprodukten aus Neuspanien sowie Spanien, sodaß ein reger Handelsverkehr große Geldmengen bewegte. Verschiedene Gründe führten 1810 zum Ausbruch des Unabhängigkeitskriegs, der schnell auf das gesamte Territorium übergriff und erst 1821 mit der Trennung von Spanien ein Ende fand. In diesen 300 Jahren spanischer Herrschaft in Mexiko, die allgemein als die Kolonialzeit bezeichnet werden, kam es durch das Aufeinandertreffen und die Verschmelzung zweier Kulturen zur Ausbildung und Blüte einer eigenen Kunst, die jedoch ein Merkmal besonders eindrücklich offenbart: das Mexikanische.

Mexiko-Stadt. Kathedrale (1573-1813). Dieses imposante Gotteshaus beherrscht zusammen mit dem Nationalpalast den weitläufigen Zócalo (Plaza de la Constitución). Mehr als vier Jahrhunderte Geschichte und Kunst sind hier vereint.

Rechts. Mexiko-Stadt. Kathedrale, Gnadenaltar (Altar del Perdón). Ein Werk von Jerónimo de Balbás, fertiggestellt 1732. Der Altaraufsatz (Retablo) mit Wandpfeilern (Estípites) birgt Heiligenstatuen und ein Gemälde, das ein früheres von Pereyns ersetzt.

KUNST DES 16. JAHRHUNDERTS

Die Franziskaner, die 1523-1524 nach Neuspanien kamen, die Domonikaner (1526) und die Augustiner (1533) errichteten im 16. Jahrhundert Kirchen und Klöster, die wegen ihrer massiven Bauweise und Solidität wahren Festungen glichen und künstlerische Meisterwerke darstellten. Die Klöster und ihre Kirchen sind die bedeutendsten und repräsentativsten Werke der neuspanischen Architektur des 16. Jahrhunderts. Die Augustiner bauten sie prunkvoll, die Dominikaner weniger prächtig, und die Franziskaner nahezu schmucklos im Vergleich zu den beiden Vorgenannten. In diesen Bauwerken gelang es in bewundernswerter Weise, künstlerische Stilrichtungen zu vereinen, von denen einige, wie die der Renaissance mit ihren klassischen Elementen, damals modern waren. Die Interpretation dieses Stils in Spanien (sehr fein gearbeitet, wobei die klassischen Säulen durch andere mit mehreren Abschnitten ersetzt werden, die Baluster- oder Kandelabersäulen genannt werden) wird als plateresk bezeichnet, da sie mit ihrer Feinheit und ihrem Ornamentenreichtum an die Arbeit der Silberschmiede erinnert (zu spanisch: "Platero" = Silberschmied). Zu diesen Stilen kommt noch der islamische hinzu. Von Arabern für die spanischen Christen und unter deren Einfluß geschaffen, brachte er den Mudéjarstil hervor, von dem wir die Alfarjes kennen (Holzdecken mit Schnitzereien, die die nach zwei oder vier Seiten geneigten Ziegeldächer auf der Innenseite verkleiden), ebenso die ausschließlich geometrischen Muster sowie den Alfiz, einen Fries, der die Tür- und Fensteröffnungen fast vollständig einrahmt. Als Baumaterial kamen Ziegel zum Einsatz, die manchmal sichtbar, also unverputzt blieben; zur Verkleidung wurden ebenfalls Ziegel oder Kacheln (Azulejos) eingesetzt. Neben diesen Stilen baute man auch im romanischen und im spitzbogigen, oder wie ihn Rafael de Sanzio abschätzig nannte, im gotischen Stil. Der erstere, der im hohen Mittelalter seine Blütezeit hatte, wurde teilweise kopiert. Von der Gotik übernahm man die spitzen und gedrückten Bogen, die schmalen Säulchen und das

S. RODRIGO

Linke Seite, oben links. Mexiko-Stadt. Innenraum der Kathedrale. Die Schiffe sind breit, wobei der Chor mit seinem Tombak-Gitter und einer der Orgeln aus dem Jahr 1736, wie in den spanischen Kathedralen, in das Mittelschiff eingebettet ist.

Linke Seite, oben rechts. Mexiko-Stadt. Kathedrale. Sakristei. Dieser Teil der Kathedrale, der fast wandmalereiartige Gemälde von Cristóbal de Villalpando und Juan Correa (1684-1686) aufweist, wird von Rippengewölben überspannt.

Linke Seite, unten. Mexiko-Stadt. Kathedrale. Orgel. Eines von zwei liturgischen Musikinstrumenten. Das eine wurde ganz von José Nazarre geschaffen, das andere von ihm instandgesetzt und umgebaut (1736).

Mexiko-Stadt. Kathedrale. Sakramenthaus (Sagrario). Die Hauptfassade ist ein Werk von Lorenzo Rodríguez (1749-1768). Ihre Wandpfeiler, wichtiger Bestandteil dieser barocken Arbeit, bilden an der Außenwand ein reichgeschmücktes steinernes Retabel.

Kreuz- oder Rippengewölbe, jene großartige Erfindung der gotischen Architekten, bei der das Gewölbe mit den Kanten auf diagonal gekreuzten Bögen, den Kreuzrippen und anderen, weniger großen Rippen ruht. So ergeben sich wunderschöne und komplizierte Muster, die nicht nur ein bleibendes Gerüst bilden, sondern den Gewölbedruck auf vier genau definierte Punkte in den Winkeln des Gewölberaums verteilen. Die Zwischenräume zwischen den Kreuzrippen und den kleineren Rippen heißen Kappen. Das große runde Rosettenfenster lockert die Fassade auf und symbolisiert Gott. Das Regenwasser wurde mit monströsen Wasserspeiern vom Dach geleitet. Hinzu kamen die Beiträge der verschiedenen einheimischen Volksgruppen des damaligen Neuspanien, deren Künstler vollendete Baumeister, Maler und Bildhauer waren, die ihre Techniken und ihren persönlichen Stil in den Dienst der Eroberer stellten. Hier sind die flachen, fast sgraffierten Reliefs zu nennen, und Ausschmückungen, die regionale Blumen und Früchte darstellen. Diese Zwitterkunst einheimischer Techniken an spanischen Bauwerken hat man als "tequitqui", indianisch-europäisch oder indianisch-christlich bezeichnet. So baute man Klosteranlagen, deren Vorbilder aus Europa kamen, die sich aber hier den örtlichen Bedürfnissen anpaßten, indem man Kopien von Gebäudeteilen all dieser Stilrichtungen mit einbezog, oder sich von ihnen inspirieren ließ und sie in harmonischer und überraschender Weise miteinander verband.

Aus einer Notwendigkeit heraus fügte man den mexikanischen Klosteranlagen vier Elemente hinzu, die später integraler Bestandteil mexikanischer Kirchen wurden, insbesondere eines von ihnen: das Atrium, dessen Gebrauch und Bau bis in unsere Tage reicht. Diese Elemente waren: die Prozessionskapellen (capillas posas), die offenen Kapellen, die Atrienkreuze sowie die bereits erwähnten Atrien.

ATRIEN. Hierbei handelt es sich um weitläufige Flächen vor Kirche und Kloster, die den offenen Kapellen als unüberdachte Kirchenschiffe dienten. Sie waren von einer zinnenbesetzten Mauer umgeben und hatten einen, zwei oder drei Eingänge mit halbkreisförmigen, bald doppelten, bald dreifachen Bögen. In den Atrien, die auch als Friedhöfe dienten, versammelte man die Indios, um sie zu unterweisen. Dafür verteilten sich Knaben, Mädchen, Männer und Frauen auf jeweils eine der vier Ecken, in denen die Prozessionskapellen errichtet waren. Viele Kirchen haben noch heute ein gut erhaltenes Atrium, und fast alle ihre mit Zinnen versehene Ummauerung.

PROZESSIONSKAPELLEN (capillas posas). Das sind kleine Bauten, deren Name von "pausare", ausruhen, herrührt. Hier können Prozessionen haltmachen, das Al-

Mexiko-Stadt. Nationalpalast. Die Nüchternheit seiner Chiluca-Portale und seiner roten Tuffsteinmauern an der ausgedehnten Vorderfront machen dieses majestätische Bauwerk seit seinem Baubeginn Ende des 17. Jahrhunderts (1692) zu einem der Wahrzeichen von Mexiko-Stadt.

lerheiligste beweihräuchern, oder ein in der Prozession mitgeführtes Bildnis anbeten. Diese einzigartigen Kapellen haben für gewöhnlich zwei Eingänge, an den beiden nicht der Atriummauer zugewandten Seiten; es gibt auch einige mit nur einem Eingang. Die schönsten Beispiele kann man in Calpan und Huejotzingo, Puebla, sehen. Die anderen sind fast alle sehr schlicht. Ihre Mauern sind durchbrochen, die Türen einfache Bögen, und die Giebel zinnenbesetzt, wie in Yecapixtla und Totolapan, Morelos, in Cholula, Puebla, in Tepeji del Río, México und in Tasquillo, Hidalgo, wo sie von einer großen Schlichtheit sind.

ATRIENKREUZE. Am Schnittpunkt der Diagonalachsen des Atriums wurden fast immer die Atrienkreuze errichtet. Man nimmt an, daß sie auf ein hohes Holzkreuz zurückgehen, das Bruder Pedro de Gante im Atrium des großen Franziskanerklosters in Mexiko-Stadt errichten ließ, und das später durch ein Steinkreuz ersetzt wurde, da in das andere wegen seiner Höhe die Blitze einschlugen. Dieses Element fand großen Anklang, und so wurden in den Atrien der anderen Klöster Steinkreuze aufgestellt, die auf Längs- und Querbalken gemeißelte oder sgraffierte Darstellungen der Passionsinstrumente aufweisen, die bei der Kreuzigung des Erlösers zum Einsatz kamen. Mit Ausnahme des Gesichts, der Füße und Hände wurde niemals das Abbild Jesu dargestellt, möglicherweise - wie man vermutet - aus Furcht, die Indios an die Körper der Menschenopfer zu erinnern. So konnten sie im Geiste die Leidensgeschichte des Heilands nachvollziehen, die die Ordensbrüder und Katecheten ihnen erzählten. Heute stehen nicht mehr alle diese Kreuze an ihrem ursprünglichen Standort; manche, weil die Atrien

Mexiko-Stadt. Hospital de Jesús. Diese Grundung von Hernán Cortés ist vielleicht das einzige erhaltene Gebäude des 16. Jahrhunderts im historischen Zentrum.

Mexiko-Stadt. San Francisco. Ausschnitt aus dem Portal. Seine Pilaster und barocken Linien aus dem 18. Jahrhundert zeigen Reste der Medaillon-Reliefs, die Mitte des letzten Jahrhunderts verstümmelt wurden.

teilweise oder ganz zerstört wurden, andere wurden ohne ersichtlichen Grund versetzt. Das schönste heute noch erhaltene Atrienkreuz befindet sich in Cuautitlán, México, außerhalb des schon beschnittenen Atriums. Das Kreuz von Ciudad Hidalgo, Michoacán ist insofern bedeutend, als es am Schnittpunkt der Balken eine Dornenkrone aufweist, die mit einer Obsidianscheibe versehen ist. In präkolumbischer Zeit schmückte man die Figuren der Gottheiten mit solchen Scheiben. Andere Kreuze haben an Stelle der Kreuznägel große Blutstropfen.

OFFENE KAPELLEN. Das sind überdachte, um die Presbyterien angelegte Räume, die sich in einem oder mehreren Bögen zum Atrium hin öffnen, das - wie bereits erwähnt - als Schiff diente. Auf dessen weiter Fläche versammelten sich die Gläubigen und wohnten

Mexiko-Stadt. Kloster La Merced. Kreuzgang. Der schönste barocke Kreuzgang des 17. Jahrhunderts ist an Säulen, Bögen und Kapitellen überreich an Steinmetzarbeiten.

Linke Seite, oben. Mexiko-Stadt. Colegio de las Vizcaínas. Hauptpatio. Große Wandelgänge rahmen den Hof dieses Baus ein, der seit mehr als 200 Jahren im Dienst der mexikanischen Gesellschaft steht.

Linke Seite, unten. Mexiko-Stadt. Colegio de San Idelfonso. Patio des "Colegio Grande". Die Schule wurde von Jesuiten 1588 gegründet und ab 1712 renoviert. Dieser Teil, ein Werk von Padre Cristóbal de Escobar y Llamas, wurde 1740 eingeweiht.

Mexiko-Stadt. Santo Domingo. An der noch nüchternen Barockfassade dieser 1736 geweihten Kirche sieht man Säulen, deren Schaft zu einem Drittel verziert ist und zu zwei Dritteln gewellte Kannelierungen aufweist und deren helles Chiluca-Gestein sich auf dem Hintergrund der roten Tezontle-Mauern besonders gut abhebt.

Mexiko-Stadt. Palast der Inquisition. Innenhof. Der Patio dieses Gebäudes (1732-1736), eines Werks von Pedro de Arrieta, das einst das gefürchtete Glaubenstribunal beherbergte, hat harmonische Arkaden und in den Winkeln des Erdgeschosses freischwebende Bögen.

Mexiko-Stadt. Capilla del Pocito (Brunnenkapelle). In Grundriß und Bauweise (1777-1791) ein wunderschönes und vollständiges Beispiel barocker Baukunst des 18. Jahrhunderts. Der Baumeister dieser mit glänzenden Kacheln (Azulejos) besetzten Kapelle ist Francisco Guerrero y Torres.

den Zeremonien bei, die im überdachten Altarraum stattfanden. Diese Kapellen waren teils schlicht und klein, teils geräumig und prächtig; manche waren direkt an die Kirche oder die Vorhalle (portería) angebaut, andere waren völlig unabhängig von diesen Gebäuden. Zu den prächtigsten zählt die von Tlacolula, Oaxaca, ein sechseckiges Gewölbe auf Säulen mit kanneliertem Schaft. Ähnlich ist die von Coixtlahuaca, Oaxaca. In Tlalmanalco, México, öffnet sich die Kapelle zum Atrium hin in mehreren reliefverzierten Bögen, die sicherlich von einheimischen Steinmetzen geschaffen wurden. Der tragende Pfeiler besteht aus Bündeln kleiner Säulen (gotische Reminiszenz). In Cuernavaca, Morelos, wie andernorts auch, befindet sich die offene Kapelle an der Vorhalle. In

Mexiko-Stadt. Templo de Regina (Reginenkirche). Kapelle von Medina Picazo. Erbaut von Miguel Custodio Durán, geweiht 1733. Zu einer Seite des Presbyteriums befindet sich in Gebetshaltung die Statue des Stifters Padre Buenaventura de Medina Picazo.

Mexiko-Stadt. Palacio de Minería. Wegen seiner eleganten und prächtigen Architektur gilt er als bedeutendstes klassizistisches Zivilbauwerk Mexikos. Erbaut von Manuel Tolsá.

Mexiko-Stadt. Casa de los Azulejos (Haus der Kacheln). Der ehemalige Wohnsitz der Grafen del Valle de Orizaba, erbaut etwa 1737, zeugt von der mexikanischen Vorliebe für Kacheln.

Actopan, Hidalgo, sehen wir einen beeindruckenden Bogen seitlich der Kirche. Die Kapellen in Tlahuelilpa, Hidalgo, und Acolman, México u.a. erinnern an breite Balkone oder Theaterbühnen. In Tlaxcala, Tlaxcala, steht sie isoliert von der Kirche, mit ihren kleinen gedrückten Bögen, strategisch an erhöhter, gut sichtbarer Stelle. Besondere Erwähnung verdient die Capilla Real (Königliche Kapelle) in Cholula, Puebla, da sie neun durch einen Wald von Pilastern und Säulen getrennte Schiffe hat, die an die Mezquita von Córdoba (Spanien) erinnern. Die Front zum Atrium war offen, wurde aber zugemauert und in diesem verschlossenen Zustand ist sie erhalten.

Mexiko-Stadt. Palacio de Iturbide. Der ehemalige Wohnsitz des Grafen del Jaral de Berrio war vorübergehend auch Wohnsitz des Kaisers Agustín de Iturbide, daher der Name.

Mexiko-Stadt. Haus der Grafen de Heras Soto. Fälschlicherweise als Wohnsitz der gleichnamigen Familie angesehen, ist es ein Beispiel des klassischen Aristokratenpalasts zur Zeit des Vizekönigtums.

KLÖSTER. Es sind solide und geräumige Gebäude, deren Fassade dem Atrium zugewandt ist, mit dem sie durch die Vorhalle, die sich in einem, zwei oder mehr Bögen zum Atrium hin öffnet, verbunden sind. Gewöhnlich haben sie einen, manchmal auch zwei Kreuzgänge, überdachte Korridore oder Galerien mit Tonnen- oder Rippengewölbe, letzteres oft auch nur in den Ecken, die meist einen unbedachten Innenhof mit Garten an seinen vier Seiten einschließen. Sie konnten auch durch Balkenwerk gestützte Dächer haben. Bei zweistöckigen Kreuzgängen befindet sich unten die Küche, das Refektorium, die Bibliothek (manchmal auch im oberen Stockwerk), der “Profundis-Saal” - so genannt, weil die dort abgehaltenen

Linke Seite. Bundesstaat México. Tepotzotlán. San Francisco Javier. Eines der schönsten Beispiele des mexikanischen Barock mit seinen typischen Wandpfeilern. Erbaut zwischen 1755 und 1757.

Bundesstaat México. Tepotzotlán. Loreto-Kapelle. Camarín (Altarkapelle). Polychrome und vergoldete Stuckverzierung; der Körper des Engels ist nahezu rund ausgearbeitet.

Versammlungen stets mit dem Gebet oder Gesang des Psalms 129 eingeleitet wurden, der da lautet: .”..De profundis clamo ad Te, Domine...”, und andere Räumlichkeiten. Oben befanden sich die Mönchszellen, die Toiletten und gelegentlich Badezimmer. Die beiden letzteren konnten auch im Untergeschoß liegen. Die Mauern und Gewölbe von Kreuzgang, Refektorium, Bibliothek, “Profundis-Saal” und selbst der Zellen waren oft völlig mit schwarz und weißen, teils auch farbigen Wandmalereien ausgeschmückt. Dahinter erstreckte sich der Obst- und Gemüsegarten und irgendwo die Scheune, Stallungen und Taubenschläge. Das trutzige Aussehen dieser Bauten mit ihren zinnenbewehrten Mauern um Atrium und Kirche, mit regelrechten Stadttoren und manchmal gar mit Wehrgängen am Kirchenschiff, ließen vermuten, daß sie im Hinblick auf einen möglichen Aufstand der Einheimischen als Festungen angelegt wurden. Doch bieten die Brüstungen einem Menschen nicht den nötigen Schutz, die Atrien liegen oft tiefer als das umgebende Gelände und haben keine Tore an den Zugängen, weshalb sie keine echten Festungen sein konnten - weder defensive, noch offensive - und, wie schon eingangs erwähnt, sahen sie nur festungsähnlich aus.

KIRCHEN. Neben den Klöstern gelegen, haben sie nur ein Schiff, ursprünglich mit Deckentäfelung, die später durch Gewölbe ersetzt wurde. Normalerweise verschmälert sich das Schiff zum Presbyterium hin, mit dem es durch den sogenannten “Triumphbogen” verbunden ist. Die Wände waren mit Grisaille-Malereien bedeckt und nur selten polychrom verziert. Im Eingangsbereich der Kirche befinden sich die gewölbegestützten Emporen, die in den Klosterkirchen meist sehr groß sind und manchmal mit Tribünen ins Schiff hineinreichen. Neben der Orgel - wenn es eine gab - stand bzw. steht auf einigen dieser Emporen das Gestühl, auf dem die Brüder Platz nehmen

Bundesstaat México. Tepotzotlán. Loreto-Kapelle. Camarín. Prächtige Stuckornamentik und vergoldete Retabeln, in die Ölgemälde von Miguel Cabrera eingepaßt sind.

Rechte Seite. Bundesstaat México. Tepotzotlán. San Francisco Javier. Erbaut im 17. Jahrhundert (1682 fertiggestellt). Im 18. Jahrhundert wurden die originalen Retabeln durch die heutigen von Miguel Cabrera und Higinio Chávez ersetzt (1753-1754).

konnten, wenn es ihnen während des langen Gesangs oder Gebets des "Oficio Divino" gestattet war, oder von wo aus sie dem Gottesdienst beiwohnen konnten. Im Zentrum befindet sich das Chorpult, ein großes pyramidenförmiges Pult auf einem Podest, das auch die großen Chorbücher trug. Im hinteren Teil des Kirchenschiffs befindet sich das Presbyterium, das - daher sein Name - den Presbytern vorbehalten war. Dort steht der Hochaltar, weshalb es der wichtigste Teil der Kirche ist. An der Rückwand und manchmal an den Seitenwänden befanden sich die Retablen (Altaraufsätze). An einer der Wände sieht man die Kanzel mit dem Kanzeldach, das den Schall der Stimme reflektiert. In manchen Kirchen findet man seitlich des Hochaltars hübsche Seitenkanzeln, von wo aus die Epistel und das Evangelium verlesen wurden. Es wurden auch Kirchen mit dem Grundriß einer Basilika gebaut. Außer den Klosterkirchen gab es auch Kirchen der Weltgeistlichkeit, die dann (an den Bischofssitzen) Kathedralen wurden, oder Pfarrkirchen und Vikariate.

KLOSTERANLAGEN. Die drei Orden bauten in sehr ähnlicher Weise. Die Aufteilung der Flächen, Bereiche und Gebäude sowie die strukturellen und architektonischen Elemente gleichen sich. Der Unterschied besteht in der Intensität des Reichtums oder auch der Schlichtheit dieser Klöster. Allem Anschein nach haben die Augustiner sich den Gefallen am feinen und eleganten plateresken Stil zu eigen gemacht, wie es an der Fassade des Klosters von Acolman, México, zu beobachten ist. Ebenso plateresk, jedoch reicher verziert als die vorgenannte, ist die Fassade in Yuriria, Guanajuato. Die Fassaden in Ixmiquilpan und Metztitlán, beide im Bundesstaat Hidalgo, sind ebenso strukturiert wie die vorherigen, jedoch von purem klassizistischem Stil. Die plateresken Fassade des Klosters in Cuitzeo, Michoacán, zeigt stärkere vertikale Strukturen. Monumental wirken auch die Fassade, die Proportionen der Kirche selbst, die offene Kapelle sowie der im Mudéjarstil gebaute Turm des Klosters in Actopan, Hidalgo; das Portal der Vorhalle ähnelt einem römischen Triumphbogen;

Bundesstaat México. Acolman. Augustinerkirche. Das Portal ist im reinen und sehr feinen plateresken Stil gehalten, mit Balustradensäulen und großartigen Skulpturen (1560).

Rechte Seite, oben. Hacienda de San Nicolás Peralta. Der Bau war ursprünglich von den Karmelitern und wirkt teilweise klosterartig.

Rechte Seite, unten links. Bundesstaat México. Otumba. Das monolithische Weihwasserbecken wurde im 16. Jahrhundert von einem einheimischen Steinmetzen geschaffen und ist ein Beispiel für "tequitqui" oder indianisch-christliche Kunst.

Rechte Seite, unten rechts. Bundesstaat México. Otumba. Das ebenfalls monolithische Taufbecken aus dem 16. Jahrhundert ist bezüglich der Reliefs (Franziskanerkordel und Blumenrosetten) die Entsprechung zum Weihwasserbecken.

Bundesstaat México. Acolman. Augustinerkirche. Der Innenraum ist einschiffig, wie im 16. Jahrhundert üblich. Ein Teil des Gewölbes besteht aus Rippenwerk; die Wanddekoration ergänzt die Ausschmückung.

Bundesstaat Hidalgo. Ixmiquilpan. Augustinerkirche. Ausschnitt aus dem außergewöhnlichen polychromen Wandgemälde aus dem 16. Jahrhundert im Kirchenschiff.

Rechte Seite, oben. Bundesstaat Hidalgo. Actopan. Augustinerkirche und -kloster. Kirchenfassade mit Doppelportal, Turm im Mudéjar-Stil und vornehmer Vorhalle (Portería). Links sieht man den Bogen der Offenen Kapelle.

Rechte Seite, unten links. Bundesstaat Hidalgo. Actopan. Augustinerkirche. Wunderschönes Rippenwerk zweier Abschnitte des Gewölbes und des Presbyteriums aus dem 16. Jahrhundert.

Rechte Seite, unten rechts. Bundesstaat Hidalgo. Actopan. Augustinerkirche. Seitenansicht der Kirche mit ihren massiven Strebepfeilern, die von breiten und bedrohlich wirkenden Torhäusern gekrönt sind.

Bundesstaat Hidalgo. Ixmiquilpan. Augustinerkirche. Das klassizistische Portal erinnert in der Anordnung seiner Elemente an das von Acolman.

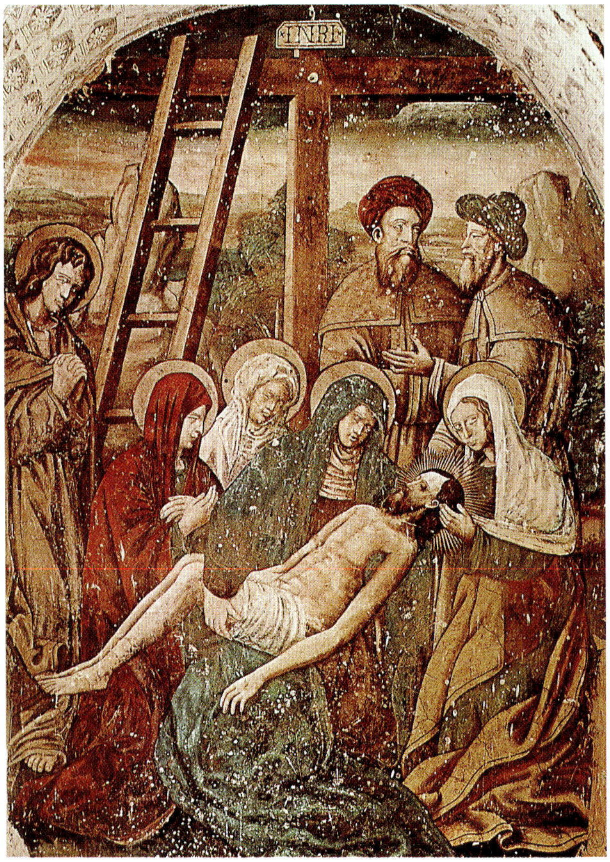

Bundesstaat Hidalgo. Actopan. Augustinerkloster. Ausschnitt aus dem Treppenhaus, einer wahren Galerie von Heiligenfiguren in einer Scheinarkade mit Balustradensäulen.

Bundesstaat Hidalgo. Epazoyucan. Augustinerkloster. Eines der Wandgemälde aus dem 16. Jahrhundert (die Kreuzabnahme Christi), das Anfang dieses Jahrhunderts Koloriert wurde.

üppig erscheint das Rippengewölbe des Kreuzgangs. Schön ausgearbeitet sind auch die Rippengewölbe der Kreuzgänge in Yuriria und Ixmiquilpan, beide mit Spitzbögen im unteren Stockwerk und Rundbögen im oberen. In Metztitlán und Cuitzeo sind die Bögen dergestalt angeordnet, daß auf einen Bogen im unteren Stock zwei Bögen im oberen Stock kommen. Dennoch ist eine gewisse Schlichtheit an mehreren Bauten in der Region Tierra Caliente zu beobachten, wie zum Beispiel in Atlatlahucan, Totolapan, Jantetelco, Jonacatepec und Zacualpan de Amilpas, alle im Bundestaat Morelos. Die Fassaden dieser Bauten sind ernst, die Kreuzgänge beinahe massiv, die Bögen scheinen eher aus den dicken Mauern herausgeschnitten zu sein. Dieser Art ist auch das Kloster in Yecapixtla, Morelos, dennoch sind seine Portale feiner; an der Fassade ist eine wunderschöne gotische Rosette zu sehen. Gotisch sind auch die Kanzel, mit fein gearbeiteten Reliefs auf den Holzplatten, sowie die meisten der Verzierungen an den inneren Portalen. Üppigeren Schmuck verwendeten die Dominikaner, vor allem in den Klöstern Yanhuitlán, Etla

Bundesstaat Hidalgo. Hacienda de Teplepaya. Der Haupteingang wird von zwei mit Schießscharten versehenen Türmen bewacht.

Bundesstaat Hidalgo. Zempoala. Aquädukt (del Padre Tembleque). Die höchsten Bögen sind etwa 40 m hoch. 16. Jahrhundert.

und Cuilapan, im Bundesstaat Oaxaca. Beeindruckend sind in Yanhuitlán die Proportion des Kirchenschiffes sowie die Rippengewölbe; das Seitenportal zeigt einen klar plateresken Stil. Der Kreuzgang dieses Klosters, wie auch der der anderen beiden Klöster, zeichnet sich durch solide und schöne Bogengänge aus. Die Klöster Tepoztlán und Oaxtepec, im Bundesstaat Morelos, ähneln sich hinsichtlich der Architektur ihrer Kreuzgänge, haben jedoch sehr unterschiedliche Kirchen. In den Gestalten der Jungfrau, des Hl. Domenicus und der Hl. Katharina sowie an weiteren Elementen des Portals dieses erstgenannten, wunderschön vor den Bergen des Tepozteco gelegenen Klosters, sind alte Stilelemente zu erkennen. Das Portal des Klosters in Oaxtepec ist von beeindruckender Schlichtheit. Das Rippengewölbe der Kirche zeigt angedeutete Querrippen und ist allgemein feiner gearbeitet als das schwere Tonnengewölbe der Kirche in Tepoztlán. Die Bauten der Franziskaner sind vor allem in den Klöstern gemäßigter, nüchterner. Etwas reicher geschmückt sind nur die Kirchen oder andere, für Gottesdienste bestimmte Bauten. In Hue-

Bundesstaat Morelos. Yecapixtla. Kirche und Augustinerkloster. Kirchenfassade mit Portal und gotischem Rosettenfenster. Rechts die Vorhalle. 16. Jahrhundert.

Bundesstaat Morelos. Oaxtepec. Kirche und Dominikanerkloster. Einziger Schmuck der nüchternen Fassade ist ein schlichter Türfries (Alfiz). 16. Jahrhundert.

jotzingo, Calpan, Tepeaca, Tecamachalco, Tecali, Cholula und Cuautinchán, alle im Bundestaat Puebla, zeigt sich der künstlerische und architektonische Reichtum an den Kirchen und Protessionskapellen (in den ersten beiden Klöstern) in Form von Reliefs und Steinmetzarbeiten an den Portalen. Manche sind jedoch sehr schlicht, wie Tepeaca oder Cuautinchán, das einen eindeutig klassizistisch-puristischen Stil zeigt. In Huejotzingo sind ein schönes Rippengewölbe sowie ein wundervoller Altaraufsatz zu sehen. Sehenswert sind auch in Cholula das Rippengewölbe sowie das Portal, mit gotischen Anklängen in der Fläche oberhalb des Eingangs und romanischen Elementen in dem Bogen oberhalb des Gesimses. Die Kreuzgänge all dieser Klöster sind schmucklos und haben fast nur Balkendecken. An der Kirche in Tlaxcala wird diese franziskanische Kargheit gut sichtbar: ein schweres Portal mit Rundbogen, von einem Fries umschlossen, darüber das Chorfenster; mehr Schmuck ist an der Fassade nicht zu sehen. In der Kirche selbst ist allerdings noch immer eine kunstvoll gearbeitet Decke aus Holzbalken zu sehen, in ihrer Größe mittlerweile die einzige in Mexiko. An den Ufern des Pátzcuaro-Sees, in Michoacán, befinden sich die franziskanischen Klosterkirchen von Tzintzunztan und Erongarícuaro, an deren Portalen große Muscheln zu sehen sind, die in einem Fall das Gewölbe einer Nische bildet, in der sich ein Doppelfenster befindet. Im entlegenen Yucatán schließlich befinden sich die Kirchen von Maní und Izamal, deren Fassaden glatt und von Türmen und Glockengiebeln gekrönt sind. Die Innenhöfe sind großzügig und, im Falle der Kirche von Izamal, von einer Bogenreihe gesäumt, die in harmonischer Weise auf einfachen Säulen ruht. In diesen Klöstern und von ihnen ausgehend haben die Mönche ihre missionarische und kulturelle Arbeit geleistet, eine nie endende und ermüdende Aufgabe. Daher erklärt es sich, daß diese Klöster an damals für die Evangelisierung strategischen Standpunkten und in Dörfern mit vielen Einwohnern errichtet wurden. Mit der Zeit ging die Zahl der Einwohner zurück, heute sind diese Plätze (bis auf Morelia, Michoacán, und Puebla, Puebla) nur noch dünn besiedelt.

BASILIKEN. Die Basilika war ursprünglich eine Handelshalle im romanischen Stil. Sie bestand aus drei Schiffen, von denen das mittlere höher als die seitlichen und durch Bogenreihen von diesen getrennt war; an der Vorderseite befanden sich drei Portale, hinten lag die Apsis.

Bundesstaat Morelos. Cuernavaca. Palast von Cortés. Trotz Umbauten Beispiel eines höfischen Wohnsitzes des 16. Jahrhunderts. Der Turm links wurde später hinzugefügt.

Bundesstaat Morelos. Tepoztlán. Dominikanerkirche. In diesem Portalabschnitt erkennt man die Flachreliefs der Engel, die Jungfrau Maria, Heilige und das Dominikanerkreuz sowie Monogramme und weitere Figuren. 16. Jahrhundert.

Nach dem Erlaß des Mailänder Ediktes von 313 n.Chr., hat Kaiser Konstantin diese Hallen den Christen für ihre religiösen Versammlungen überlassen, wofür sich diese Hallen als so gut geeignet erwiesen, daß sie als Modell für den Bau von Kirchen herangezogen wurden. Damals wurde die Apsis den Presbytern zugewiesen, die Schiffe waren für die Gläubigen. Man beließ es auch nicht bei den bereits bestehenden Hallen sondern baute noch weitere.
In Mexiko sind besonders drei Basiliken aus dem 16. Jahrhundert erwähnenswert, die alle Teil eines Klosters bildeten. Vom Kloster in Tecali, Puebla, sind nur noch Reste übrig - dennoch ist seine Basilika die schönste der drei. Das mittlere Portal zeigt harmonische Rennaissance-Proportionen. Im Innern sind die drei Schiffe von schlanken Säulen getrennt, auf denen Rundbögen ruhen. Der ganze Inneraum ist von großer Transparenz, denn von jedem Punkt aus konnte man auf den Hauptaltar sehen. Die ehemals sehr schoene Holzdecke fiel im vergangenen Jahr-

Bundesstaat Guerrero. Taxco. Pfarrkirche Santa Prisca. Chor mit Brüstung und die herrliche Barockorgel aus dem 18. Jahrhundert.

Bundesstaat Guerrero. Taxco. Pfarrkirche Santa Prisca. Fassade der von dem reichen Minenbesitzer José de la Borda beim Architekten Cayetano de Sigüenza in Auftrag gegebenen Kirche. Das schöne Portal wird von salomonischen Säulen flankiert. 18. Jahrhundert.

hundert der Zerstörung anheim. In Santiago Cuilapan, Oaxaca, wird die Hauptfassade von zwei im Grundriß runden Türmen eingefaßt; das Innere ist nicht so transparent wie in Tecali, da die Säulen und Bögen viel massiver sind (Erdbebengebiet). Die Seitenmauern sind von einer Reihe halbrunder Aussparungen unterbrochen, was diese leichter macht und die Luftzirkulation verbessert, da das Klima dieser Region heiß ist. Die Hauptfassade der Basilika von San Pedro y San Pablo in Zacatlán de las Manzanas, Puebla, wird von einer Reihe von Zinnen gekrönt, die an der Mauer entlang laufen. Das Portal ist ganz im klassizistischen Stil gehalten: eine mit Rundbogen abschließende, von je einer Doppelsäule eingefaßte Tür, Gesims und Giebel. Die drei Schiffe sind im Innern durch Bogenreihen getrennt. Zwischen diesen Bögen und der Decke befinden sich eine Reihe runder Medaillons, die an die Basilika des Hl. Paulus zu Rom erinnern, in deren Medaillons Mosaikportraits der Päpste, vom Hl. Petrus bis zu unserer Zeit, zu sehen sind.

Bundesstaat Guerrero. Taxco. Pfarrkirche Santa Prisca. Ausschnitt eines der reichgeschmückten Barockretabeln im churrigueresken Stil.

DIO EL NOM-
BRE DE LORENZO, A XICOHTEN-
CATL
CONZALO
EL DE BARTO-
LOME. ASI LO REFIEREN LAS
HISTORIAS ESCRITAS POR CA-
MARGO, TORQUEMADA Y BETAN-

Bundesstaat Tlaxcala. Tlaxcala. Schrein der Jungfrau von Ocotlán. Stuckverzierte Barockfassade. 18. Jahrhundert.

Bundesstaat Tlaxcala. Tlaxcala. Schrein der Jungfrau von Ocotlán. Kuppel des Camarín de la Virgen (Kapelle, in der die Heilige Jungfrau steht) mit barocker Stuckverzierung. 18. Jahrhundert.

Linke Seite, oben. Bundesstaat Tlaxcala. Tlaxcala. Kirche und Franziskanerkloster. Im Vordergrund ein Teil der Offenen Kapelle, im Hintergrund der freistehende Glockenturm. 16. Jahrhundert.

Linke Seite, unten links. Bundesstaat Tlaxcala. Tlaxcala. Kirche und Franziskanerkloster. Monolithisches Taufbecken von eindrucksvoller Schlichtheit. 16. Jahrhundert.

Linke Seite, unten rechts. Bundesstaat Tlaxcala. Tlaxcala. Franziskanerkirche. Kunstvolle Deckentäfelung im Kirchenschiff. 16./17. Jahrhundert.

WEITERE BAUWERKE DES 16. JAHRHUNDERTS

WASSERBAUTEN. Das älteste Aquädukt Mexikos befindet sich in Zempoala, Hidalgo, wo es von 1554 bis 1571 von Pater Tembleque erbaut wurde. Es besteht aus 126 zum Teil bis zu 40 m hohen Bögen und diente dazu, Quellwasser aus der Nähe Zempoalas nach Otumba, México, zu leiten. Brunnen waren die wichtigsten Wasserquellen für die damaligen Siedlungen. Aus dem 16. Jahrhundert stammt der Brunnen in Tochimilco, Puebla, dessen Säulen als Wasserspender dienen; die mittlere Säule ist von einem Wappen gekrönt. Ein sehr großer Brunnen, schon eine Art "Wasserkasten", ist in Tepeapulco, Hidalgo, zu sehen. Auch in den Kreuzgängen der Klöster standen Brunnen, wie zum Beispiel im Staat Morelos, in Huejotzingo, Tochimilco oder Ocuituco, dessen Brunnen zu den schönsten zählt. Der dank seiner Schönheit und Größe bedeutendste Brunnen befindet sich jedoch in Chiapa de Corzo, Chiapas. Er ist aus Ziegelsteinen gebaut, das Baumaterial wurde, entsprechend des Mudéjarstils, unverputzt belassen.

Oben links. Bundesstaat Puebla. Puebla. Kathedrale. Hauptfassade mit ihren Türmen (im Stil des spanischen Baumeisters Juan de Herrera) und den drei Portalen. 17. Jahrhundert.

Oben rechts. Bundesstaat Puebla. Puebla. Kathedrale. Freistehender Hauptaltar. Dieses neoklassizistische Werk wurde 1797 von Manuel Tolsá entworfen und begonnen, und 1819 vom Architekten José del Manzo vollendet.

Rechte Seite. Bundesstaat Puebla. Puebla. Kathedrale. Altar der Könige. Pedro García Ferrer schuf dieses Alabasterwerk sowie die Malereien. Es handelt sich um den vermutlich ersten Altaraufsatz mit salomonischen (gewundenen) Säulen (1645-1646-1649).

Bundesstaat Puebla. Puebla. Kathedrale. Die sich nach oben verjüngenden Kassetten in Kuppel und Seitenschiffen lassen den Raum höher wirken.

Bundesstaat Puebla. Puebla. Kathedrale. Sakristei. Die Gemälde "Der Sieg des Glaubens" und "Der Sieg der Religion", die diesen Raum schmücken, sind Werke von Baltasar de Echave Ibía.

Bundesstaat Puebla. Puebla. Kathedrale. Chorgestühl. Das Chorgestühl ist reich geschmückt mit Einlegearbeiten in Mustern des Mudéjar-Stils aus Edelhölzern, Elfenbein und Knochen

WOHNGEBÄUDE. Aus jenem Jahrhundert stehen nur noch sehr wenige Wohnhäuser. Zu den am besten erhaltenen zählt der Cortés-Palast in Cuernavaca mit seinen offenen Bogenhallen (Loggias); das Mazariego-Haus in San Cristóbal de las Casas, Chiapas, mit seinem kleinen, im plateresken Stil gehaltenen Portal; das Montejo-Haus in Mérida, mit seinem ebenfalls im plateresken Stil gearbeiteten, prunkvollen Portal, und zuletzt ein wunderschönes Bauwerk in Metztitlán, unter dem Namen "La Tercena" bekannt, dessen offene Bogenhallen über das fruchtbare Gebiet der Vega hinausblicken. In der Stadt Puebla bestehen nur noch die Fassade sowie einige Teile des Hauses des Dekans de la Plaza, dessen Portal im klaren Renaissancestil erbaut wurde. Weiter bestehen noch einige Landbesitze in Puebla und Cholula, die sicherlich auch nicht mehr vollständig erhalten sind. An dieser Stelle sind noch Bauwerke wie der "Rollo" in Tepeaca zu erwähnen, ein Turm im Mudéjarstil, mit achteckigem Grundriß, der auf dem großen Hauptplatz oder Waffenplatz errichtet wurde und an den Torre de Oro in Sevilla erinnert. Möglicherweise diente er nicht nur als Pranger sondern auch als Wachturm.

MALEREI. Zu jener Zeit war unter der indianischen Bevölkerung die Wandmalerei, die sie mit Fresko- oder Temperatechnik ausführte, bereits gebräuchlich, die Ölmalerei und das Malen mit Staffelei wurde jedoch erst von den Spaniern eingeführt. Durch die Eroberer wurden auch Perspektive und Raum in die Malerei eingebracht, Aspekte, die in der präkolumbischen Malerei vollkommen fehlten. Sicherlich wurden manche der Maler und Schreiber (in Nahuatl: tlacuilo), die auf der von Bruder Pedro de Gante de San Francisco eingerichteten Schule in Mexiko-Stadt die Kunst der Malerei erlernten, mit der Dekoration einiger der Klöster betraut, die man im Gebiet Neuspaniens errichtete. Die Anfänge der Malerei lagen also, was die Kunst der Kolonialzeit betrifft, in den Arbeiten zur Dekoration der Klosterwände. Sicherlich wurden alle Klöster mit solchen Gemälden versehen, wenn sie auch später in manchen Fällen zerstört oder unter einigen Kalkschichten begraben wurden. Normalerweise wurden die Malereien in schwarz und weiß ausgeführt, es gibt jedoch auch farbige Beispiele: die vertieften Kassetten des Tonnengewölbes im Refektorium des Klosters Actopan sind farbig bemalt; auf den Wänden des Schiffs der Klosterkirche von Ixmi-

Bundesstaat Puebla. Puebla. Santo Domingo. Kuppel der Capilla del Rosario (Rosenkranzkapelle). In der Mitte die Taube des Heiligen Geistes, umgeben von den Symbolen der Sieben Gaben und der Göttlichen Gnade (1690).

Bundesstaat Puebla. Puebla. Santo Domingo.Capilla del Rosario. Die üppige Stuckverzierung der 1690 geweihten Kapelle ist eine weitere Ausdrucksform des Barock.

Linke Seite, oben. Bundesstaat Puebla. Puebla. La Compañía de Jesús (Jesuitenkirche). Dieses Werk des Architekten José Miguel de Santa María wurde 1767 geweiht. Die Türme wurden später (1804-1812) hinzugefügt.

Linke Seite, unten. Bundesstaat Puebla. Puebla. Ehemaliges Jesuitenkolleg. Barocksaal. Wie in der Rosenkranzkapelle, sind auch hier die Gewölbe reich mit Stuck geschmückt. Ein Gestühl aus der Epoche vervollständigt die Ausstattung. 17. und 18. Jahrhundert.

Bundesstaat Puebla. Puebla. Biblioteca Palafoxiana. 1646 vermachte der Bischof Juan de Palafox y Mendoza seine Bibliothek dem Colegio de San Pedro. Bischof Fabián y Fuero erweiterte 1771 den Buchbestand und baute das heutige Gebäude, das 1773 eingeweiht wurde.

quilpan, Hidalgo, ist ein außergewöhnliches polychromes Gemälde zu sehen, auf dem indianische Krieger mit copilli, manche von ihnen mit einem Knüppel und Obsidianmesser bewaffnet, vermutlich gegen das Böse kämpfen. All die Gemälde in den Klöstern, vor allem die der Vorhallen und in den Kirchen, dienten nicht nur als schmückende Elemente sondern auch didaktischen Zielen. Im Jahr 1566 landete hier der erste europäische Maler, dessen Person und Werke bekannt sind: der flämische Maler Simon Pereyns. 1568 kam Andrés de la Concha, ein Maler aus Sevilla, nach Neuspanien und um 1580 weilte der baskische Maler Baltasar de Echave Orio in diesen Breiten. Diese drei Maler sind die bedeutendsten Vertreter der mexikanischen Malerei in der zweiten Hälfte des 16. Jahrhunderts, die alle drei mit Öl- und Temperafarben auf Holztafeln arbeiteten. Die Kleidung der Gestalten dieser Bilder sieht etwas kantig aus, dennoch ist der Stil De la Conchas feiner als der Pereyns, seine Madonnen wirken lieblicher. Dieser Unterschied läßt sich bei einem Vergleich der Bilder La Sagrada Familia (Die Heilige Familie) und Santa Cecilia (Hl. Cäcilie), beide in der Pinacoteca Virreinal, sowie der Gemälde De la Conchas am Hochaltar von Yanhuitlán und der Gemälde Pereyns am Hochaltar von Huejotzingo erkennen. Zudem ist die Farbwahl De la Conchas feiner, die Hände seiner Gestalten sind ausdrucksstärker. Die Gestalten in den Bildern Echave Orios, Begründer einer ganzen Dynastie von Malern, wirken manchmal steif und der Stoff ihrer Kleider hart, wie auf der Resurrección de Cristo (Christi Auferstehung) im Museum von Guadalajara zu sehen ist. Auch wenn seine Darstellungen von Himmelsöffnungen größere Tiefe haben, so scheinen die Wolken, welche sie umrahmen, dennoch fest zu sein. Der indianische Maler (tlacuilo) Juan Gersón, der nach der europäischen Schule ausgebildet wurde, wenn auch nicht so sehr

Bundesstaat Puebla. Puebla. Casa de los Muñecos oder Casa de los Gigantes (Haus der Männchen bzw. Riesen). Ein Beispiel der Ziegel- und Kachelarchitektur im Puebla des 18. Jahrhunderts.

Bundesstaat Puebla. Puebla. Casa del Alfeñique. Die üppige Stuckdekoration erinnert an Zuckergebäck (span. alfeñique), was dem Haus seinen Namen gab. 18. Jahrhundert.

Bundesstaat Puebla. Huejotzingo. Franziskanerkirche und -kloster. Trotz relativer Nüchternheit franziskanischer Bauten ist diese Fassade mit schlanken Säulchen und Medaillons mit den Monogrammen von Jesus und Maria geschmückt. 16. Jahrhundert.

Oben rechts. Bundesstaat Puebla. Huejotzingo. Franziskanerkirche und -kloster. Detail einer der Prozessionskapellen (capilla posa) mit Passionsengel und Franziskanerkordel. 16. Jahrhundert.

Bundesstaat Puebla. Calpan. Franziskanerkloster. Prozessionskapelle. Das fast sgraffierte Flachrelief, die Verzierungen, das pyramidenförmige Gewölbe und der Giebel in Form eines Kaktus lassen indianische Handschrift erkennen. 16. Jahrhundert.

Linke Seite, oben. Bundesstaat Puebla. Cholula. Capilla Real (Königliche Kapelle). Die Dachlandschaft dieser außergewöhnlichen Kapelle ist von Kuppeln und überhöhten Stutzkuppeln mit Laternchen (1661-1731) geprägt.

Linke Seite, unten. Bundesstaat Puebla. Cholula. Auf der Spitze eines präkolumbischen"Teocalli" (Tempelpyramide) wurde 1594 eine Einsiedelei errichtet, die später zur Kapelle umgebaut wurde. Der heutige Bau stammt aus dem vorigen Jahrhundert, da die frühere Kapelle einem Erdbeben zum Opfer fiel.

Bundesstaat Puebla. Cholula.Capilla Real. Innenraum. Ähnlich wie in der Mezquita von Córdoba wird das Kirchengewölbe von einem Wald aus Säulen und Pilastern getragen.

der Technik sondern eher den Formen und Themen nach, hat eine Reihe von Gemälden biblischer Motive hinterlassen, die er auf indianischem Baumrindenpapier (amate) anfertigte und die in den Gewölbefeldern des unteren Chors in der Kirche zu Tecamachalco, Puebla, zu hängen kamen. Nicht zu vergessen ist auch Marcos de Aquino Cípac, ein weiterer berühmter tlacuilo.

BILDHAUEREI. Die Skulpturen des 16. Jahrhunderts sind meist sehr ernst, die Gewänder der Personen fallen nahezu senkrecht, der elegante Faltenwurf wirkt etwas kantig. Die Verzierungen sind prächtig und wundervoll gearbeitet. Glücklicherweise sind zusätzlich zu den Figuren der Retabeln auch noch andere Skulpturen erhalten, unter denen sich im Museo Nacional del Virreinato, in Tepotzotlán, México, eine sitzende Jungfrau mit dem Christuskind auf dem Schoß befindet. Es handelt sich um eine Darstellung alten Stils einer "Thron-Madonna", das heißt, die Jungfrau wendet sich dem Kind nicht zu, sieht es nicht einmal an, wohingegen es sich beim Jesuskind um ein typisches bambino der Renaissance handelt. Dasselbe Museum birgt auch eine wunderschöne Sandsteinskulptur, ebenfalls eine Madonna mit Kind; die Jungfrau trägt ein großes, schweres Gewand, das Kind ist nahezu unbekleidet; durch beide Figuren geht eine sanfte Bewegung. Es gibt noch zwei weitere, hervorragende Arbeiten: eine befindet sich im Museo Santa Mónica in der Stadt Puebla, die andere in einer kleinen Kirche (heute Museum) in Cuautinchán, Puebla. Beides sind Anna-Selbdritt-Darstellungen. Die Verzierungen der Figuren sind aufwendig ge-

Bundesstaat Puebla. Santa María Tonantzintla. Kirche. Indianisches Pendant zur Rosenkranzkapelle von Puebla. Stuckdekoration aus Gips. 18. Jahrhundert.

Bundesstaat Puebla. Santa María Tonantzintla. Kirche. Detail der Innenausschmückung. Engel als Gebälkträger, Masken und andere Figuren fügen sich zu dieser bunten Dekoration zusammen.

Rechte Seite. Bundesstaat Puebla. Santa María Tonantzintla. Kirche. Der Innenraum, das Schiff, das Kreuzschiff und die Kuppel sind, neben Engelchen und Masken, auch mit Blumen, Früchten und Blattwerk geschmückt, was einem "tlalocan" (präkolumbischen Paradies) in christlicher Variante gleichkommt. 18.-20. Jahrhundert.

arbeitet, die Formen zart und feingliedrig geschnitzt. Manche Skulpturen jenes Jahrhunderts sind heute Gegenstand großer Verehrung, wie die Jungfrau von Ocotlán (Virgen de Ocotlán), Tlaxcala, oder Unsere liebe Frau von Santa Fe (Nuestra Señora de Santa Fe), in der Stadt Guanajuato, um nur zwei zu nennen.

SKULPTUREN AUS MAISROHR. Diese Technik ist eigentlich indianischen Ursprungs und stellt einen Beitrag Neuspaniens zur universellen Kunst dar. Dabei wurde der Körper der Figur aus trockenem, verleimten Maisrohr hergestellt und durch innenliegende Ringe aus Ästen oder Holz verstärkt. In anderen Fällen hat man den inneren Teil des Körpers aus leimgetränktem Papier hergestellt, wobei ebenfalls innen ein Hohlraum erhalten wurde. Danach bedeckte man das Äußere mit einer Paste aus dem Mark trockenen Maisrohres und überzog es später wiederum mit leimgetränktem Papier. Nachdem die Rohfassung der Figur nach einer der beiden (sehr stark gerafft dargestellten) Varianten hergestellt wurde, hat man sie mit einer Mischung aus Gips und Leim überzogen und zuletzt die Schlußbemalung aufgetragen. Im Museo Nacional del Virreinato befindet sich ein wunderschön gearbeiteter, aus Maisrohr hergestellter gekreuzigter Christus, ganz im Renaissancestil gehalten. Sein Ausdruck ist ernst, die Darstellung insgesamt noch nicht so blutrünstig. Der berühmte und so innig verehrte Christus von Santa Teresa (Señor de Santa Teresa) ist ebenfalls ein Beispiel dieser Skulpturen, wie auch die Figur der Lieben Frau des Heils (Nuestra Señora de la Salud) aus Pátzcuaro, Michoacán, und die Christusfigur El Señor del Cacao, aus der Kathedrale in Mexiko-Stadt. Erst kürzlich hat das Museo Nacional del Virreinato eine außergewöhnliche Figur aus Maisrohr erstanden: möglicherweise eine Hl. Maria Magdalena oder die Jungfrau Maria, nach der ersten der oben beschriebenen Techniken gearbeitet.

Oben links. Bundesstaat Puebla. San Francisco Acatepec. Kirche. Die wunderschöne, fast einzigartige Fassade ist mit glänzenden bunten Kacheln besetzt. 18. Jahrhundert.

Oben rechts. Bundesstaat Puebla. San Francisco Acatepec. Kirche. Innenraum. Wie in Tonantzintla ist auch der Innenraum dieser Kirche mit dichten Stuckarbeiten überzogen (kürzlich restauriert).

Bundesstaat Puebla. Cuauhtinchán. Franziskanerkirche. Innenraum. Plateresker Altaraufsatz im Presbyterium. 16. Jahrhundert.

RETABELN oder ALTARAUFSÄTZE. Das Wort Retabel setzt sich aus dem lateinischen retro: hinter und tabula: Brett zusammen; ursprünglich waren es Bretter, die schon im 5. Jahrhundert n.Chr. vor den Altartisch gestellt wurden, später stellte man sie hinter oder über dem Altar auf. Danach nahmen sie die Form von Triptychen, Polyptychen und zuletzt von Retabeln an. Zu ihrem Bau waren ein oder zwei Künstler notwendig, welche das Retabel entwarfen und die notwendigen Figuren oder Bilder anfertigten, sowie mehrere Kunsthandwerker, welche das Holz bearbeiteten, schnitzten und zusammenfügten und es später mit feinstem Blattgold überzogen. Entsprechend der jeweils vorherrschenden Kunstrichtung war auch die Entwicklung dieser Altaraufsätze. Zwei große Exemplare solcher Retabeln sind noch aus der Renaissancezeit erhalten: einer steht in der Franziskanerkirche zu Huejotzingo, der

Bundesstaat Puebla. Tecamachalco. Franziskanerkirche. Ein "tlacuilo" (aztekischer Schreiber), der den Namen Juan Gersón annahm, malte diese biblischen Themen auf Amatepapiere, die dann im Chorgewölbe angebracht wurden. 16. Jahrhundert.

Bundesstaat Puebla. Tecamachalco. Franziskanerkirche. Innenraum. Der monolithische Taufstein, von einem einheimischen Metzen geschaffen, ist Beispiel der Tequitqui- oder indianisch-christlichen Kunst. 16. Jahrhundert.

andere in Xochimilco. Die Holzarbeiten und Skulpturen des Retabels von Huejotzingo sind von Pedro de Requena, die Gemälde von Simon de Pereyns. Dieses Retabel vereint puristische Elemente mit plateresken Balustradensäulen, Amoretten, Girlanden oder Festons. Zusätzlich zu seiner Schönheit und künstlerischem Wert birgt dieses Retabel viel theologischen Symbolismus. Das Retabel von Xochimilco ist puristischer gehalten, ohne den Schmuck der Balustradensäulen; seine Gemälde sind ohne Zweifel von Baltasar de Echave Orio. Weitere bedeutende Altaraufsätze, wenn auch nicht von dieser Größe, befinden sich in den Kirchen zu Cuautinchán und Tecali, Puebla, sowie in der Kirche zu Texcoco, México.

FEDERMOSAIK. Bei dieser Technik handelt es sich ebenfalls um einen neuspanischen Beitrag zur Kunst, der

Bundesstaat Veracruz. Hafen von Veracruz. Festung San Juan de Ulúa. Diese Festungsanlage wurde zum Schutz des Hafens vor möglichen Angriffen gebaut.

in indianischen Techniken wurzelt. Durch Zusammenlegen der Federn (wie bei einem Steinmosaik) wurden Figuren auf einem Untergrund aus Stoff, Kupferblech oder Amate-Papier gebildet. Dazu benutzte man kleine, farbige Federn von ebenfalls kleinen und sehr bunt und fein gefiederten Vögeln. Diese Federn wurden mittels eines Orchideenharzes aufgeklebt, wodurch man eine samtartige Oberfläche erhielt. Auf diese Weise entstanden Bilder wie der Segnende Christus (Cristo Bendiciente) im Museo Nacional del Virreinato - die schönste noch erhaltene Arbeit dieser Art. Ein anderes Beispiel ist der Hl. Andreas aus der Kirche in Calpan. Auf die gleiche Weise wurden auch Teile des Ornats wie Bischofsmützen oder Meßgewänder hergestellt, oder Tafeln (mit besonderen, geweihten Inschriften), die auf den Altartischen aufgestellt wurden. Von diesen letzteren konnte eine aus dem Ausland zurückgeholt werden und ist jetzt im Museo Nacional de Arte (Nationales Kunstmuseum) in Mexiko-Stadt zu sehen.

KATHEDRALEN. Eine Kathedrale, (von catedra: Stuhl), ist die wichtigste Kirche einer Diözese (vom griech. dioikesis: Regierung), das heißt, eines von einem Bischof (vom griech. episkopos: Wächter) regierten Gebietes. Die erste Diözese Mexikos war die Carolische; sie wurde im Jahr 1519 mit Sitz auf der Insel Cozumel gegründet, da man damals glaubte, Cozumel gehöre zum Festland. Jahre später wurde diese Diözese nach Tlaxcala und schließlich, 1539, nach Puebla verlagert. Allmählich wurden weitere Diözesen eingerichtet, in deren Hauptstädten oder -sitzen die Kathedralen erbaut wurden. Die einzige Kathedrale aus dem 16. Jahrhundert ist die von Mérida, Yucatán, die 1598 fertiggestellt wurde. Ihr Grundriß ist rechteckig, sie hat drei Schiffe, die von Stutzkuppeln gleicher Höhe bedeckt sind. Die Fassade ist breit, hoch und sehr nüchtern. Die Kathedrale von Mexiko-Stadt (1573-1813), die schönste, prächtigste und monumentalste auf dem amerikanischen Kontinent, besteht aus einem Hauptschiff, zwei Sei-

Bundesstaat Querétaro. Querétaro. Aquädukt.
Der Markgraf de la Villa del Villar del Aguila ließ den Aquädukt zur Wasserversorgung des Kapuzinerklosters und der ganzen Stadt errichten (1726-1735).

Bundesstaat Querétaro. Querétaro. Casa de Ecala.
Eine der schönsten Fassaden neuspanischer Bürgerhäuser mit ihren komplizierten und schönen schmiedeeisernen Balkonen. 18. Jahrhundert.

tenschiffen und zwei Schiffen mit Kapellen; das Hauptschiff schließt mit dem Chor ab; in den Kapellen sind eine Vielzahl prächtiger Retabeln des Barock und der Neuklassik zu sehen. Die Kathedrale von Puebla (1575-1649-1768) besteht ebenfalls aus fünf Schiffen und einem Chor im Hauptschiff; in ihrem Innern befindet sich eine Gruppe neuklassischer Elemente, die im letzten Jahrhundert hinzugefügt wurde. In der ebenfalls fünfschiffigen Kathedrale von Oaxaca (1610-1730-1736) befindet sich der Chor auch im Mittelschiff; sie ist schwerer und weniger hoch gebaut, da es sich hier um Erdbebengebiet handelt. Die Kathedrale von San Cristóbal de las Casas, Chiapas, hat den Grundriß einer Basilika, im Innern wurde sie bereits verändert; die Barockfassade zeigt Verzierungen aus Mörtel (1718-1721). Die Gewölbe der Kathedrale von Guada-

Linke Seite oben. Bundesstaat Querétaro. Querétaro. Kirche und Kloster Santa Rosa. Die für ein Nonnenkloster typische einschiffige Kirche ist parallel zur Straße gebaut, zu der hin sich ihre beiden Türen öffnen.

Linke Seite, unten. Bundesstaat Querétaro. Querétaro. Santa Rosa. Sakristei. Ein großes halbrundes Ölgemälde und Apostelstatuen schmücken die Sakristei. 18. und 19. Jahrhundert.

Bundesstaat Querétaro. Querétaro. Santa Rosa. Innenraum. Im Kirchenschiff befinden sich der obere und untere Chor mit fein gearbeitetem Gitterwerk und vergoldetem Fächer sowie ein Ölgemälde der Apostel, hervorragende Retabeln und eine Kanzel mit besonders schöner Mosaikarbeit.

Oben links. Bundesstaat Querétaro. Querétaro. Santa Rosa. Innenraum.

Oben rechts. Bundesstaat Querétaro. Querétaro. Kloster San Francisco. Schlichter, doch schöner Kreuzgang aus dem 17. Jahrhundert.

Bundesstaat Querétaro. Querétaro. San Francisco. Der Chor mit einem der schönsten erhaltenen Chorpulte (1792-1795).

Bundesstaat Querétaro. Querétaro. Kloster San Francisco. Treppenaufgang.

Oben rechts. Bundesstaat Querétaro. Querétaro. Casa de la Marquesa. Barockelemente an diesem Wohnhaus aus dem 18. Jahrhundert zeugen von der Vorliebe der neuspanischen Aristokratie für diesen Baustil.

Bundesstaat Querétaro. Querétaro. Neptunbrunnen. Der neoklassizistische Bogen wurde von Tres Guerras geschaffen; die Statue einer mythologischen Gottheit hingegen ist älteren Datums.

Bundesstaat Querétaro. Querétaro. Kloster San Agustín. Ausschnitt aus dem großartigen Barockkreuzgang aus dem 18. Jahrhundert. Das Gebäude ist heute ein Museum.

lajara (1561-1618) sind alle von gleicher Höhe, die Portale sind wunderschön im klassizistischen Stil ausgeführt. Im vergangenen Jahrhundert wurde der Chor beschädigt und weitere Veränderungen durchgeführt. Die Kathedrale von Morelia (1640-1744) zeigt sehr karge Portale, überhohe Türme und drei Schiffe ohne Kapellen. Im 19. Jahrhundert fiel der untere Chor der Zerstörung zum Opfer. Die Kathedrale von Durango (1635- ?) ist ein wunderschönes, dreischiffiges Bauwerk mit salomonischen Barockportalen, in der Hauptfassade befindet sich nur eine Tür. In den Kathedralen von Mexiko, Puebla und Durango ist noch heute das wunderschöne und detailliert gearbeitete Chorgestühl zu sehen.

KUNST DES 17. UND 18. JAHRHUNDERTS

Gegen Ende des 16. Jahrhunderts wurden in der Kunst neue Stilrichtungen spürbar. 1563 ließ Phillip II. in Spanien von den Architekten Juan de Toledo und Juan Herrera (der letztere war es auch, der das Bauwerk vollendete) das Escorial erbauen, eine Kombination von Palast, Kloster und Grabstätte zugleich. Diese monumentale, majestätische und dennoch karge Anlage, von "trauriger Feierlichkeit", stellte den Beginn einer kurzen Phase schmuckloser Architektur dar, in der die reine, klare, sauber gegliederte Linie dominierte und die unter dem Namen des "Herrera- oder Escorial-Stils" bekannt wurde. In Mexiko-Stadt ist dieser Einfluß unter anderem an den hinteren Portalen (1615) der Kathedrale zu sehen, an den Portalen der Kapellen in den Seitenschiffen und dem der Sakristei (1623) sowie dem des Kapitelsaals, das eine außerordentliche Schönheit der Linien erkennen läßt, in denen kein weiteres Schmuckelement zu finden ist. Die Kathedrale von Puebla zeigt ebenfalls diesen Einfluß in ihren Türmen, und obwohl einer im Jahr 1678 und der andere erst später vollendet wurde, sind es doch "die Türme mit dem markantesten Herrera-Stil, die man in ganz Mexiko finden kann".

BAROCK

Das Wort "Barock", mit dem eine bestimmte Kunstrichtung bezeichnet wird, ist vom portugiesischen barocco, der Bezeichnung für eine unregelmäßig geformte Perle,

Bundesstaat Querétaro. Querétaro. Santa Clara. Das Portal dieses Nonnenklosters aus dem 17. Jahrhundert zeigt noch immer seine schlichten Züge im Stil des spanischen Baumeisters Juán de Herrera.

Oben rechts. Bundesstaat Querétaro. Querétaro. Santa Clara. Diese Kirche mit nüchterner Außenfassade gleicht im Innern einer Goldgrotte. 18. Jahrhundert.

Bundesstaat Querétaro. Querétaro. Santa Clara. Die vergoldeten Schnitzereien und schmiedeeisernen Elemente diese Portals mit Balkon sind äußerst phantasievoll gestaltet. 18. Jahrhundert.

Bundesstaat Querétaro. Klöster der Sierra Gorda. Concá. Ein Werk des Bruders José Antonio Murguía, der von 1748 bis 1767 dort weilte.

Rechte Seite. Bundesstaat Querétaro. Klöster der Sierra Gorda. Concá. Das prächtige Portal mit großem Franziskanerwappen wird von einer außergewöhnlichen Skulptur der Heiligen Dreifaltigkeit gekrönt. 1754-1762.

abgeleitet. Im Spanischen des 17. Jahrhunderts ist barrueco die Bezeichnung für die unregelmäßige Perle und berrueco die Bezeichnugn für eine Reihe hoher Felsen. Erst gegen Ende des 18. Jahrhunderts wird der Begriff auf die Baukunst angewandt, wobei er eine gewisse Extravaganz oder sogar übertriebene Extravaganz zum Ausdruck bringen soll. So jedenfalls sahen es die Anhänger der Neuklassik und tatsächlich war das Barock auch eine zeitlang als überladen und von schlechtem Geschmack angesehen. Erst in jüngerer Zeit begann man das Barock als Kunstrichtung zu würdigen. Begonnen haben mit diesem Stil die italienischen Architekten Lorenzo Bernini und Francesco Borromini. Bernini hat durch seinen Bau des Baldachins für den päpstlichen Altar im Petersdom zu Rom (1625-1633) den Beginn des Barockstils als solchen festgelegt. In diesem Baldachin setzte er Säulen mit in sich gewundenem Schaft ein, wie sie von dem Palast Salomons in Jerusalem bekannt waren, weshalb sie auch als salomonische Säulen bezeichnet werden. Dieser neue, künstlerische Baustil fand auch in Neuspanien Verbreitung, wo er begeistert aufgenommen wurde. Dabei darf man nicht vergessen, daß das Vizekönigreich im 17. Jahrhundert, dank der beinahe gänzlich hergestellten politischen und sozialen Stabilität aber auch dank der starken Silberproduktion, bereits in voller wirtschaftlicher Blüte stand und daß daher viele Bauten in dem neuen Stil errichtet oder bereits bestehende entsprechend verändert wurden.

In seinen Anfängen war das neuspanische Barock eher zurückhaltend und ernst, zunächst wurden manche der Giebel beseitigt, den puristischen Strukturen Schmuckelemente zugefügt und ganz allmählich die Richtlinien der Klassik aufgehoben, Friese unterbrochen, abgewinkelt oder gebogen. Im Verlauf des 17. und 18. Jahrhunderts entstanden verschiedene Formen oder Ausprägungen des Barock. Gleichzeitig können in diesem Zeitraum in Neuspanien auch drei architektonische Neuerungen Fuß fassen: die Kuppel, die Kirche mit Grundriß in Form des lateinischen Kreuzes und das Nonnenkloster.

Bundesstaat Querétaro. Klöster der Sierra Gorda. Landa. Fassadenportal. Im ersten Feld sind Nischenpilaster zu sehen(1760-1768?).

Rechte Seite, unten links. Bundesstaat Querétaro. Klöster der Sierra Gorda. Jalpan. Ein Werk des heute seliggesprochenen Bruders Junípero Serra. Feine Ornamentik ziert den gesamten Portalbereich, der auch ganz besondere Ausführungen der Estípites (Wandpfeiler) birgt (1751-1758).

Rechte Seite, oben. Bundesstaat Querétaro. Klöster der Sierra Gorda. Tilaco. Dieser Ausschnitt des Portals, eines Werks von Bruder Juan Grespí, zeigt das Chorfenster mit einer Galerie von Lambrequins und Engelchen, die den Vorhang halten (1754-1762).

Rechte Seite, unten rechts. Bundesstaat Querétaro. Klöster der Sierra Gorda. Jalpan. Ausschnitt der Fassade mit einem Bildnis des Hl. Franziskus in einer Nische.

Bundesstaat Guanajuato. Guanajuato. Alhóndiga de Granaditas. Zwischen 1798 und 1809 als Getreidespeicher errichtet, war dieser Bau später einer der bedeutendsten Schauplätze des Unabhängigkeitskriegs.

Oben rechts. Bundesstaat Guanajuato. Guanajuato. La Compañía (Jesuitenkirche). Die Fassade hat drei Portale mit fein gearbeiteten steinernen Estípites. 18. Jahrhundert.

Linke Seite. Bundesstaat Guanajuato. Guanajuato. Stadtpanorama. Im Vordergrund die Basilika/Pfarrkirche, dahinter das moderne Universitätsgebäude.

Bundesstaat Guanajuato. Guanajuato. Kirche del Mineral de Cata. Die reichliche Silberproduktion ermöglichte die Finanzierung dieser bemerkenswerten Barockkirche. 18. Jahrhundert.

Oben links. Bundesstaat Guanajuato. Guanajuato. Kirche La Valenciana. Schon die reichgeschmückte Fassade kündet vom Reichtum des Innenraums, wo man Altaraufsätze mit Estípites, eine Kanzel mit exquisiten Einlegearbeiten und Gemälde von Luis Monroy vorfindet. 18.-19. Jahrhundert.

Oben rechts. Bundesstaat Guanajuato. Yuriria. Augustinerkirche. Die Fassade von Acloman mit ihren Balustradensäulen diente dieser zum Vorbild. Sie unterscheiden sich jedoch in der Art ihrer Ausschmückung. 16. Jahrhundert.

Bundesstaat Guanajuato. Dolores Hidalgo. Im Atrium dieser Kirche mit großartiger Estípitesfassade und zwei Türmen, läutete Pfarrer Hidalgo am 16. September 1810 die Unabhängigkeitsbewegung ein.

Bundesstaat Guanajuato. Yuriria. Ausschnitt aus dem Portal der Augustinerkirche mit musizierenden Engeln und dem von Balustradensäulen flankierten Chorfenster. 16. Jahrhundert.

KIRCHEN DER NONNENKLÖSTER. Diese haben normalerweise eine charaktaristische Aufteilung. Obwohl diese Institutionen in Neuspanien schon ab dem 16. Jahrhundert gegründet wurden, wobei das erste Kloster das Convento de la Concepción (1530-1540) in Mexiko-Stadt war, entstehen die Kirchen dieser Klöster erst im 17. Jahrhundert in ihrer eigentlichen Form. Gebaut werden die Kirchen längs der Straße, zwei Türen in der zur Straße gelegenen Seite des Schiffs dienen als Ein- und Ausgang. Am unteren Ende der Kirche befinden sich der obere und untere Chor, von denen aus die Nonnen die religiösen Handlungen durchführten oder ihnen beiwohnten. Zum Kirchenschiff hin ist die Öffnung des Chors mit einem Gitter oder einer Jalousie verschlossen, der untere Chor ist sogar doppelt vergittert, seitlich des unteren Gitters sind Fensterchen angebracht, durch welche die Nonnen das Abendmahl einnahmen, ohne dabei den Chor zu verlassen. Unter dem unteren Chor liegt die Krypta mit Beinhaus und Gräbern zur Beisetzung der Nonnen. Die Aufteilung des Altarraums ist gleich wie in anderen Kirchen, hier steht der Hochaltar und sehr selten befindet sich in den seitlichen Mauern der untere Chor. Glücklicherweise sind noch einige Kirchen von Nonnenklöstern erhalten, wenn auch die Klöster selbst aufgrund der Reformgesetze zerstört wurden. Nachfolgend eine Liste einiger Klosterkirchen. Mexiko-Stadt: San Jerónimo (1623), Regina (1573), Balbanera (1663), Santa Teresa la Antigua y la Nueva; Puebla: Santa Rosa, Santa Mónica, Santa Clara; Guadalajara: Capuchinas, Santa Mónica; Lagos de Moreno, Jalisco: Capuchinas; Querétaro: Santa Clara, Santa Rosa de Vitervo, Teresitas; Morelia: Santa Rosa, Las Monjas, Capuchinas. In San Juan del Río, im Staat Querétaro, befindet sich die wohl einzige noch komplett erhaltene Anlage mit Kirche und zugehörigem Kloster in ihrer ursprünglichen Form. Im Kloster Concepción in San Miguel de Allende, Guanajuato, leben die Nonnen noch in einem Teil des ehemaligen Klosters und benützen noch immer die Chöre der ursprünglichen Kirche.

ENTWICKLUNG DES BAROCK. Wie schon gesagt ist das Barock in seinen Anfängen eher als gemäßigt, ja karg zu bezeichnen, ganz allmählich nehmen die Schmuckelemente sowie das Volumen zu, werden die Regeln der klassischen Ästhetik verändert. Bei manchen der Portale

Bundesstaat Guanajuato. San Miguel Allende. San Felipe Neri. Außer dem interessanten Portal sowie Gemälden und Skulpturen im Innern, bietet diese Kirche vor allem die sehr sehenswerte Loreto-Kapelle mit ihrer Altarkapelle (camarín).

Linke Seite. Bundesstaat Guanajuato. Stadtpanorama von San Miguel Allende. Ehemals eine der wohlhabendsten Städte des Vizekönigtums. Die Häuser und Kirchen, hauptsächlich aus dem 18. Jahrhundert, vermitteln noch heute einen Eindruck vom damaligen Stadtbild. Die Kirchenfassade aus dem 19. Jahrhundert ist neugotisch.

sind alle zwei oder drei Felder fast glatt; in anderen wiederum ist das erste Feld glatt, in den oberen sind Säulen anstelle von Pilastern zu sehen, deren Schäfte oftmals zu einem Drittel mit Zierwerk bedeckt sind. Später taucht dann die salomonische Säule auf, deren gewundener Schaft die verschiedensten Ausprägungen annimmt: der einfache, nur in sich selbst gewundene Schaft; die berninische Säule mit ihrem von Laubwerk bedeckten Schaft; Säulen, deren vertiefte Windungen besonders betont sind; andere, bei denen die Windung nur durch spiralförmige Verzierungen auf dem glattem Schaft entsteht sowie Säulen, deren Schaft nur noch aus den gewunden Strängen besteht und innen hohl ist. Zuerst wird die salomonische Säule nur an den hohen Feldern eingesetzt, später dann im gesamten Portal. Beispiele dafür sind die Hauptportale der Franziskanerkirchen in Xochimilco und San Jerónimo (1613), beide in Mexiko-Stadt, in denen die Torbögen bis in die Gebälke hineinragen. Beispiele für Portale mit Pilastern, die beinahe kein Volumen haben, sind unter anderem die Kirche La Encarnación (1639-1640) in Mexiko-Stadt; die Kirchen San Francisco und Santa Clara in Querétaro sowie die Pfarrkirche der Stadt Guanajuato (1696). Weiter war es üblich, im zweiten Portalfeld Reliefs einzugliedern; das erste Beispiel dafür mag das Portal der Kirche La Encarnación in Mexiko-Stadt sein.

Bundesstaat Guanajuato. Salamanca. Augustinerkirche. Ein großes halbrundes Gemälde und das Kruzifix sind Teil dieser Kirche mit barocken Estípites-Retabeln.

Bundesstaat Guanajuato. Celaya. Nuestra Señora del Carmen. In diesem Bau gelang Francisco Eduardo Tres Guerras aus Celaya eine beeindruckende Einheitlichkeit neoklassizistischen Stils. 19. Jahrhundert.

In der Kirche Santuario de Guadalupe (1675-1680), auch Congregación genannt, sind nicht nur Säulen sondern auch estípites (d.h.: Pilaster mit nach unten sich verjüngenden Schäften) zu sehen. Allem Anschein nach wurden im Jahr 1645, in dem Retabel der Könige der Kathedrale zu Puebla, zum ersten Mal die salomonischen Säulen in Neuspanien eingesetzt. Wenig später setzte man an der Hauptfassade der Kathedrale zu Mexiko (1662) in den ersten Feldern klassische Säulen mit toskanischem Kapitell und kanneliertem Schaft ein, in den zweiten Feldern ist ein Drittel des Säulenschaftes mit Zick-Zack-Kannelierung verziert, in den seitlichen Feldern sind salomonische Säulen zu sehen, von denen man annimmt, daß es die ersten ihrer Art in der Hauptstadt waren. Die Reliefs in allen drei Feldern haben symbolische Inhalte. Die Barfüßigen Karmeliterinnen folgten diesem schönen und neuarti-

Bundesstaat Aguascalientes. Aguascalientes. Kathedrale. An der Fassade der zwischen 1704 und 1738 erbauten Kathedrale sind salomonische Säulen zu sehen. Der Giebel mit dem bewegten barocken Kranzgesims stammt von1883, der Turm aus unserem Jahrhundert.

gen Beispiel und ließen die Doppeltüren (1678-1684) der Kirche Santa Teresa (la antigua) entsprechend anfertigen: salomonische Säulen in beiden Portalfeldern, steinernes Zierwerk an Zwickeln und Gebälk sowie Fenster in den zweiten Feldern, die mit einem durchbrochenen Dreiecksgiebel abschließen, der für das Podest einer Statue Raum läßt. In der Kirche San Francisco zu Guadalajara (1684-1692) wird die Fassade von einem großen, halbrunden Bogen bestimmt, in den sich das Portal mit seinen salomonischen Säulen in beiden Feldern und der Nische einfügt. Die Fassade der Kirche La Soledad zu Oaxaca (1689) zeigt, entsprechend dem barocken Geschmack, Bewegung in ihren verschiedenen Ebenen, ähnlich dem Prinzip einer spanischen Wand. Dank dieser intelligenten Lösung kann mehr Raum für eine Vielzahl von Nischen, Statuen und Säulen verschiedenster Ordnungen, darunter auch salomonische Säulen, geschaffen werden. An San Agustín zu Mexiko-Stadt (ab 1692 wieder aufgebaut) ist ein hervorragend gearbeitetes rechteckiges Relief zu sehen, das von zwei salomonischen Säulen eingerahmt wird. Säulen dieser Art sind auch an beiden Portalfeldern der Kirche San Francisco (um 1700) sowie am Portal der Kathedrale (1670-1718) in San Luis Potosí zu sehen, dem dadurch Bewegung verliehen wurde, wenn auch nicht im gleichem Maß wie an La Soledad in Oaxaca. Salomonische Säulen verschiedener Ausführungen sind außerdem an den Türmen der genannten Kathedrale zu sehen, von denen einer aus dem Jahr 1910 stammt. Man sieht also, wie die Beliebtheit der salomonischen Säulen sich allmählich ausbreitete, wodurch diese zu einem allgemeinen und vielfältigen Element der Fassaden wurden. Klar sichtbar wird der "Triumph" dieses gewundenen Stützelements am Portal der Kathedrale zu Zacatecas, wo sich Ornamente in markanten Linien an den Säulen nach oben

Oben links. Bundesstaat San Luis Potosí. San Luis Potosí. El Carmen. Fassade. Eines der besten Beispiele mexikanischen Barocks (1747-1764), das in der Fassade eine Abwandlung der salomonischen Säule zeigt.

Oben rechts. Bundesstaat San Luis Potosí. San Luis Potosí. El Carmen. Innenraum. Dieses großartige "Erzengel-Portal" ist "das prächtigste und ausschweifendste Beispiel mexikanischen Barocks" (1787-1792).

Rechte Seite. Bundesstaat San Luis Potosí. San Luis Potosí. Kathedrale. Ihr Bau dauerte anscheinend von 1674 bis 1718. Das Portal hat mehrere Ebenen mit salomonischen Säulen, die sich auch in den Türmen wiederfinden. Ein Turm ist von 1910.

Bundesstaat San Luis Potosí. San Luis Potosí. Caja del Agua. Der neoklassizistische Bau von 1831 wurde lange Jahre Tres Guerras zugeschrieben.

Bundesstaat Zacatecas. Zacatecas. Kirche des Colegio Apostólico de Guadalupe. Im Jahr 1702 als Hospiz begonnen und 1707 von Bruder Antonio Margil de Jesús offiziell gegründet.

Linke Seite. Bundesstaat Zacatecas. Stadtpanorama. Das Stadtbild ist geprägt von Häusern aus fein behauenem rötlichem Sandstein mit wunderschönen schmiedeeisernen Balkonen, von Straßen, Gäßchen, Plätzen und Gartenanlagen, überragt von den Türmen und Kuppeln der Kirchen.

schlängeln und diese mit Laub- und Blütenwerk sowie augenscheinlich saftigen Trauben umranken. Die Kathedrale der Stadt Aguascalientes zeigt ebenfalls salomonische Säulen an ihrem Portal (1704-1738). Zuletzt seien noch die Kirchen Santa Mónica (1720 gegründet) zu Guadalajara und San Agustín (1713-1745) zu Querétaro genannt. An der ersteren sind salomonische Säulen zu sehen, teils mit Ranken aus Weinlaub und Trauben, teils mit feinen, eingemeißelten Verzierungen geschmückt. Das Portal der zweiten der genannten Kirchen zeigt in sich gewundene Steinpilaster mit achteckigem Querschnitt - eine weitere Ausprägung des salomonischen Barockstils, die sich bis zum Ende des 18. Jahrhunderts und noch darüber hinaus erhalten hat, wie an den Kirchen Santa Prisca zu Taxco, Guerrero; in Santiago Tianguistengo (1755-1797), México, sowie San Felipe Neri zu Querétaro (1786-1805), zu sehen ist: alle Portale sind mit salomonischen Säulen ausgestattet. In den ersten beiden Kirchen ist die Säule in traditioneller Form geschaffen, bei der letzten findet man sie in abgeleiteter Form vor.

Linke Seite, oben. Bundesstaat Zacatecas. Zacatecas. Kloster San Agustín. Mitte des 18. Jahrhunderts wurden Kloster und Kirche umgebaut, letztere 1782 geweiht. Der Kreuzgang ist von schöner Originalität.

Linke Seite, unten. Bundesstaat Zacatecas. Zacatecas. Aquädukt, auch "Cubo" genannt. Er versorgte die Stadt fast hundert Jahre lang mit Wasser.

Bundesstaat Zacatecas. Zacatecas. Kathedrale. Pfarrkirche seit 1718, geweiht 1756. Die Kuppel wurde 1848 umgebaut, und die Türme datieren von 1782 und 1912. Im Jahr 1862 wurde sie zur Kathedrale erhoben.

WEITERE AUSDRUCKSFORMEN DES BAROCK. Gegen Ende des 17. Jahrhunderts trat mit der Capilla del Rosario (Rosenkranzkapelle) (1690) der Kirche Santo Domingo zu Puebla, eine neue Ausdrucksform des Barock zutage: der Einsatz von Stuck, aus Gips im Innern und Mörtel außen. Die Wände, Gewölbe und Kuppeln im Innern der Kapelle sind mit üppigem, farbigem und vergoldetem Stuckwerk bedeckt. Die indianisch geprägte Version dieser Gipsarbeiten sind in der Kirche Santa María Tonantzintla, Puebla, zu sehen, wo Blumen und Früchte in farbiger Vielfalt ebenfalls Wände, Gewölbe und Kuppeln bedecken, gleich dem Tlalocan, dem indianisch-präkolumbischen Paradies. Solche Stuckarbeiten finden sich auch in den angrenzenden Bundesstaaten Tlaxcala, México und Oaxaca, sowie im heutigen Chiapas. In Tlaxcala ist hier besonders der Santuario de Ocotlán (Schrein der Jungfrau von Ocotlán) (1671-1791) zu nennen, der sich in der Hauptstadt dieses Staates befindet; Fassade, Innenraum und vor allem die Altarkapelle (camarín) sind mit feinem und aufwendigem Stuckwerk verziert. In der Kirche Santo Domingo (1572-1666) zu Oaxaca bedecken Leisten, Medallions, Zierbänder und Reliefs aus Stuck das großräumige Kirchenschiff. In San Cristóbal de las Casas, Chiapas, sind sowohl an der Kathedrale wie an Santo Domingo Stuckverzierungen aus Mörtel an den Außenmauern zu sehen. Außenliegendes Stuckwerk ist ebenso an den Kirchen zu Papalotla Chiconcuac und Santa María

Bundesstaat Zacatecas. Zacatecas. Kathedrale. Ausschnitt aus der Fassade. In diesem von Steinverzierungen geradezu überladenen Giebel sitzt Gott Vater auf seinem Himmelsthron, in einer Hand die Weltkugel, die andere zum Segen erhoben, und dominiert dieses imposante Portal.

Bundesstaat Zacatecas. Zacatecas. Kathedrale. Portal. Der für Zacatecas typische Stein wird in salomonischen Linien die Säulen emporgeführt. Eingebettet zwischen den Säulen befinden sich der Göttliche Erlöser und die Apostel.

Tulantongo, im Gebiet Texcoco, México, zu sehen. Ein weiteres dekoratives Element, welches durch Farbigkeit und Glanz die barocken Strukturen der Gebäude hervorhebt, ist die Kachel, die zur Verkleidung von Mauern und Portalen eingesetzt wurde. Das ist an den Fassaden der Kirche San Francisco Acatepec, Puebla, und der in der Nähe liegenden Kirche zu Tlaxcalanzingo deutlich zu sehen. Im städtischen Häuserbau sind der Einsatz dieser Kacheln noch heute an der Casa de los Azulejos (Haus der Kacheln) in Mexiko-Stadt, oder an der Fassade der Casa de los Muñecos oder auch Casa de los Gigantes (Haus der Männchen bzw. Riesen), sowie an anderen Fassaden in Puebla zu sehen.

Bundesstaat Jalisco. Guadalajara. Kathedrale. 1561 begonnen, 1618 geweiht. Die drei klassizistischen Portale wurden 1599 geschaffen. Die Turmspitzen stammen aus den Jahren 1851 bis 1854.

Bundesstaat Jalisco. Guadalajara. San Felipe Neri. Dieses Werk von Pedro José Ciprés wurde 1752 begonnen und 1802 beendet. Fassade und Turm sind reinstes Barock.

CHURRIGUERESKES (SPANISCHES) BAROCK. Das zweite Jahrzehnt des 18. Jahrhunderts war noch nicht vorüber, als in der Hauptstadt des Vizekönigreiches ein neues säulenförmiges Stilement, mehr schmückend als tragend, zum Einsatz kam: die estipites, Pilaster bestehend aus Sockel, sich nach unten verjüngendem Schaft, Ringen, einem Würfel, weiteren Ringen und Kapitell. Die Vorläufer dieses Halbpfeilers, der zurecht als das "formale Erkennungszeichen des Barock" bezeichnet wurde, stammen aus der griechischen und römischen Architektur; die Renaissance holte dann zurück, was im Mittelalter vergessen worden war. José Benito Churriguera hat diese Pilaster dann zum ersten Mal in Spanien, im Jahr 1689, an einem

Bundesstaat Jalisco. Guadalajara. Hospicio Cabañas. In Auftrag gegeben von Bischof Juan Ruiz de Cabañas. Projekt und Baupläne sind von Manuel Tolsá. Der Giebel und die Kuppel mit ihrem Säulenkranz weisen das Gebäude als neoklassizistisch aus.

Rechte Seite. Bundesstaat Jalisco. Guadalajara. Im Hospicio Cabañas. Die ehemalige Hospizkapelle wurde 1939 von dem mexikanischen Muralisten José Clemente Orozco ausgemalt.

Grabmal eingesetzt. Vermutlich hat Jerónimo de Balbás daher die Idee übernommen, die er 1709 an einem Retabel in der Kathedrale zu Sevilla ausführte; in Neuspanien wird dieses Stilelement durch den Aufsatz für den Altar der Könige in der Kathedrale in Mexiko-Stadt zur Mode. Dieses Meisterwerk der mexikanischen und Juwel der internationalen Kunst bestimmt gänzlich die Komposition einer großen Nische in der Apsiskapelle. Vier monumentale Estípites, die höchsten weltweit, stützen (zumindest scheinbar) diese Struktur aus geschnitzem und vergoldetem Holz ab. Zwei kleinere, zwischen den großen Pfeilern stehende Estípites scheinen eine zusätzliche große Nische zu bilden. Ein anderes Werk des Künstlers Balbás war der ebenfalls mit diesen Schmuckpilastern versehene Aufsatz zum Altar del Perdón (Gnadenaltar) (1732); mehr und mehr Retabeln dieser Art wurden geschaffen, und allmählich erschienen sie aus Stein auch als Schmuckelemente der Portale, an den Außenwänden der Bauten. Die ersten Versuche in dieser Richtung machte man vermutlich am erzbischöflichen Palast und am Kolleg San Ildefonso, beide in Mexiko-Stadt, an deren Außenwänden diese Pilaster - zwar zurückhaltend und schmucklos - zu sehen sind. Zwischen 1749 und 1762 wurde die Kirche Sagrario Metropolitano von Lorenzo Rodríguez erbaut, und hier erscheint nun triumphierend der Estípite-Pilaster, der sich in beiden Feldern der Fassade erhebt. Damit war der Durchbruch geschafft. Altaraufsätze und Portale werden mit den neuen Stilelementen überarbeitet, neue Kirchen und Bauten errichtet. Die Kirchen Santísima Trinidad, San Francisco sowie andere Kirchen in Mexiko-Stadt schmücken ihr Inneres mit prachtvollen, estípite-geschmückten Retabeln, die sich Außen wiederum in Form von Steinpilastern in beeindruckenden Portalen, ja sogar Türmen wiederfinden und später im gesamten Vizekönigreich nachgeahmt werden. In Tepotzotlán, México, ließen die wohlhabenden Jesuiten ein außergewöhnliches Portal und einen Turm, sowie den Altaraufsatz der Kirche San Francisco Javier ihres

Bundesstaat Jalisco. Zapopan. Schrein und Kolleg Nuestra Señora de Zapopan (Jungfrau von Zapopan). Das Sanktuarium dieses alten Nachbarorts von Guadalajara wurde 1730 fertiggestellt, die Türme sind aus dem 19. Jahrhundert.

Rechte Seite, oben. Bundesstaat Michoacán. Morelia. Aquädukt. Im Jahr 1785 initiierte Bischof Bruder Antonio de San Miguel mehrere Bauvorhaben zur Arbeitsbeschaffung für die Armen, so auch diesen Aquädukt (1785-1789).

Rechte Seite, unten. Bundesstaat Michoacán. Morelia. Patio des Clavijero-Palasts. Dieser großzügige Patio ist Beispiel für die Bauweise der Jesuiten, bei der sich das Untergeschoß in Bogengängen, das Obergeschoß mit Fenstern zum Hof hin öffnet.

Bundesstaat Jalisco. San Juan de los Lagos. Basilika. Zu Zeiten des Vizekönigtums ein überaus wichtiges Messe- und Handelszentrum, heute ein bedeutender Wallfahrtsort, in dem eine Marienstatue verehrt wird.

Bundesstaat Michoacán. Morelia. Kathedrale. Baubeginn 1660, Fertigstellung 1744. Dennoch hat sie weder salomonische Säulen, noch Estípites-Pilaster, die sonst für den Barock jener Zeit so charakteristisch sind.

Rechte Seite. Bundesstaat Michoacán. Morelia. Kathedrale. Innenraum. Baldachingeschützt stellt die silberne Monstranz, einzige ihrerer Art in Mexiko, Material und Ausführung zur Schau. 18. Jahrhundert.

Bundesstaat Michoacán. Morelia. Kathedrale. Hauptportal. Die schlichte architektonische Linieneführung hält die Elemente dieses Portals dicht an der Mauer, ohne auf Tiefe oder Bewegung auszusein.

Bundesstaat Michoacán. Morelia. Kathedrale. Der heutige Chor mit seiner monumentalen Orgel.

Bundesstaat Michoacán. Morelia. Kathedrale. Einzigartig in Mexiko ist auch dieses silberne Taufbecken, das von dem einstigen Reichtum der Kathedrale von Morelia zeugt.

Novizen-Kollegs in diesem Stil errichten. In der ebenfalls wohlhabenden Bergbaustadt Guanajuato bauten die Jesuiten eine dreischiffige Kirche, deren drei Portale ebenfalls kunstvoll verzierte estípites aufweisen. Der Graf von Valenciana ließ eine Kirche und ihre Retabeln gemäß der Mode ebenfalls in diesem Stil erbauen; ja sogar im spröden Valladolid (heute Morelia) ließen die Mercedarier das Portal ihrer Kirche mit kargen, aber freistehenden Estípites schmücken. Die Fassade des ehemaligen Gerichtspalastes und heutigen Regierungspalastes in Guadalajara, Jalisco, zeigt in ihrem mächtigen Portal (1774) zwei nicht weniger mächtige Estípites zu beiden Seiten des mittleren Balkons; die Uhrnische des Palastes, ebenfalls mit diesen Pilastern geschmückt, stammt aus dem Jahr 1885. In der Stadt San Luis Potosí wären die robusten und stabilen Pilaster der außergwöhnlichen Sakristei der Kirche San Francisco sowie der Kapelle von Aránzazu (heute Teil des Regionalmuseums) erwähnenswert, die beide aus der Mitte des 18. Jahrhunderts stammen. Zuletzt sei hier noch das Landhaus der Grafen del Valle de Orizaba, in Mexiko-Stadt, genannt. Auch unter dem Namen "Casa de los Mascarones" (Haus der Masken) bekannt, wurde es zwischen 1766 und 1771 erbaut und zeigt an seiner Fassade wundervolle Estípite-Pilaster mit einem jungen Atlanten. Der Gefallen an diesem Stilelement breitete sich soweit aus, daß sich sogar bescheidene Gehöfte stolz mit einem solchen Pilaster schmückten oder, wie in Jeréz, Zacatecas, der Eingang zum Bürgemeisteramt von zwei freistehenden Estípite-Pilastern gesäumt war.

WEITERE FORMEN DER ARCHITEKTUR. Zu den Bauwerken, die in jener Zeit errichtet wurden, gehörten auch die Gebäude für Kollegien, Spitäler und Hospizen. Die Aufteilung dieser Bauten war fast immer wie folgt: ein großer Kreuzgang (bei den Jesuiten mit Bogenreihen im unteren Geschoß und Fenstern im oberen), auf den die Säle oder Räume hinausgingen, die unverzichtbare Kapelle und gemeinschaftliche Festsäle in den Männerkollegien. Zu diesen gehörten in der Hauptstadt die Jesuitenkollegien San Pedro y San Pablo und das Colegio del Real sowie das ältere Kolleg San Ildefonso (1712-1740). Für Mädchen gab es das Colegio de Vizcaínas (1734-1752), das Colegio de Niñas und Colegio de la Enseñanza, von dem heute nur noch die Kirche er-

Bundesstaat Michoacán. Cuitzeo. Augustinerkirche. Portal. Schön gearbeitete Balustradensäulen flankieren die Doppelbogentüre. 16. Jahrhundert.

Oben rechts. Bundesstaat Michoacán. Cuitzeo. Augustinerkirche und -kloster. Die Vorhalle mit Renaissancebögen und flankierenden Säulen. 16. Jahrhundert.

Bundesstaat Michoacán. Cuitzeo. Augustinerkloster. Innenraum. Ausschnitt aus einem der Gemälde aus dem 16. Jahrhundert.

Linke Seite, oben. Bundesstaat Michoacán. Erongarícuaro. Kirche des Franziskanerklosters. Chorfenster mit Mittelpfosten und Muschelverzierungen. 16. Jahrhundert.

Linke Seite, unten. Tzintzuntzán. Augustinerkirche und -kloster. Schlichte, turmlose Fassade, in der das platereske Portal auffällt. 16. Jahrhundert.

Bundesstaat Oaxaca. Oaxaca. Kirche und Kloster Santo Domingo. Die Kirchenfassade mit untersetzten Türmen hat ein herrliches Barockportal. 17. Jahrhundert.

halten ist. Überreste der Jesuitenkollegien bestehen noch in den Städten Querétaro, Puebla, Morelia, San Luis Potosí und Zacatecas. An Spitälern aus dem 16. Jahrhundert bestehen heute noch, jedoch in stark veränderter Form, das von Hernán Cortés begründete Hospital de Jesús sowie das Spital San Juan de Dios (mehrfach umgebaut beherbergt es heute das Franz Meyer Museum), beide in Mexiko-Stadt. In anderen Städten des Landes befinden sich noch Reste solcher Spitäler; das von Atlixco, Puebla, ist noch beinahe vollständig erhalten. Andere Bauten zu Nutzen der Allgemeinheit waren Aquädukte und Brunnen. Erhalten sind die Aquädukte von Querétaro (1735), Zacatecas (Ende des 18. Jhdt.), Morelia (1785-1789) und das monumentale Aquädukt "El Sitio" (1764-1854) bei Tepotzotlán, México. Noch zu sehen ist auch der öffentliche Brunnen "Salto del Agua" (1779), mit seinen schönen, vorgebauten salomonischen Säulen. Ein Original dieser Säulen befindet sich heute im Museo Nacional del Virreinato. Aus jener Zeit, dem 18. Jahrhundert, sind auch noch einige wunderschöne herrschaftliche neuspanische Wohnsitze erhalten, prunkvolle, großzügige Bauten, an deren Fassaden das Familienwappen prangt und die natürlich eine eigene Kapelle besaßen. In Mexiko-Stadt stehen heute noch die Wohnsitze der: Grafen de Santiago Calimaya, der heute das Museo de la Ciudad (Stadtmuseum) birgt; des Markgrafen del Jaral de Berrio sowie des Grafen del Valle de Orizaba. In Querétaro stehen noch der Wohnsitz der Markgräfin sowie der von Ecala; in Durango ist noch der Wohnsitz des Grafen del Valle Xúchil zu sehen; in Guanajuato der des Markgrafen de San Juan de Rayas so-

Bundesstaat Oaxaca. Oaxaca. Santo Domingo. Innenraum. Die Kirche ist innen mit barocken Stuckarbeiten verziert. 17. Jahrhundert.

Rechte Seite. Bundesstaat Oaxaca. Santo Domingo. Innenraum. Der Altaraufsatz, eine Nachbildung des salomonischen Barock, wurde zwischen 1956 und 1959 geschaffen, um das Gesamtbild zu erhalten. Das Original wurde im vergangenen Jahrhundert zerstört.

Bundesstaat Oaxaca. Oaxaca. Santo Domingo. Chorraum. Detail der Stuckarbeiten mit einem Bildnis im Hochrelief. 17. Jahrhundert.

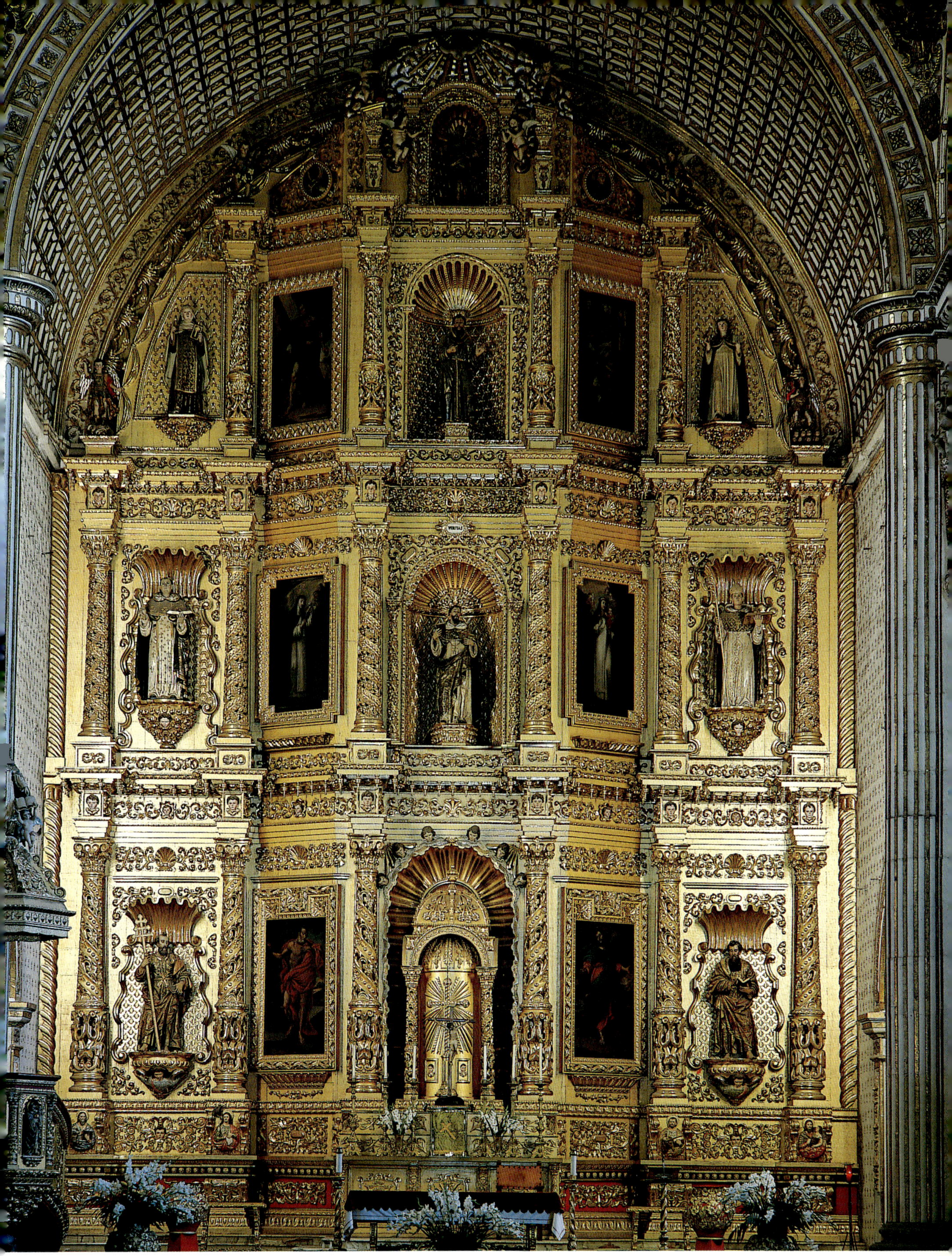

Bundesstaat Oaxaca. Oaxaca. Santo Domingo. Innenraum. Das Gewölbe unter der Empore zeigt den Stammbaum der Guzmáns, der Familie des Hl. Domingo de Guzmán.

Unten links. Bundesstaat Oaxaca. Oaxaca. Santo Domingo. Rosenkranzkapelle. Salomonische Säulen flankieren die Rosenkranzmadonna (Virgen del Rosario). Dieser moderne Altaraufsatz wurde 1964 geweiht. Das Bildnis ist aus dem 18. Jahrhundert.

Bundesstaat Oaxaca. Oaxaca. Santo Domingo. Rosenkranzkapelle. Das Innere der Kuppel ist mit Stuckarbeiten geschmückt. In der Mitte das Patrozinium der Rosenkranzmadonna.

Bundesstaat Oaxaca. Oaxaca. Santo Domingo. Innenraum. Ausschnitt der Wände und Gewölbe mit Barockdekoration, die zu den schönsten Mexikos zählt. 17. Jahrhundert.

wie des Grafen de Casa Rul. In San Miguel de Allende befindet sich der Palast der Familie de la Canal; in Tepic, Nayarit, steht der Barockpalast der Grafen zu Miravalle, die heute das Museo Regional birgt.

RETABELN IM SALOMONISCHEN UND ESTIPITE-BAROCKSTIL. Wie wir bereits gesehen haben, waren die Barockretabeln dem Wandel der Mode unterworfen, was sich in der vielfältigen Entwicklung ihrer gewundenen Säulen und Estípite-Pilastern erkennen läßt. Zu den ältesten Retabeln gehört sicherlich das Frontretabel der Kapelle der Heiligen Cosme und Damián, in der Kathedrale in Mexiko-Stadt, das aus der Zeit zwischen 1650 und 1660 stammt. Seine aufwendigen aber diskreten Ornamente, die feinen Holzschnitzereien sowie die schwarzen Umrahmungen der vergoldeten Motive ordnen ihn der Epoche des frühen mexikanischen Barock zu. In derselben Kathedrale befindet sich das Hauptretabel der Kapelle Nuestra Señora de la Soledad, dessen noch diskret gehaltene, mächtige salomonische Säulen auf das Alter dieses Altaraufsatzes schließen lassen. Die aufwendigste und schönste Arbeit dieser Art ist jedoch die um 1713 überarbeitete Gruppe der Retabeln in der Capilla de San Miguel oder Capilla de los Santos Angeles. Die salomonischen Säulen dieser Altaraufsätze bilden den Rahmen für Gemälde von Juan Correa aus dem Jahr 1714. In der Kirche Santo Domingo, zu Puebla, zeigt das Hauptretabel (1688-1690) trotz seiner Monumentalität eine eher nüchterne Verzierung. Aus dem Jahr 1696 stammt der Anfang des Hauptretabels der Augustinerkirche zu Metztitlán, Hidalgo, dessen gewundene Säulen mit Laubwerk überzogen sind, ähnlich wie die des Portals der Kirche La Soledad in Oaxaca. Im salomonischen Stil gehalten ist auch das wunderschöne Retabel der Franziskanerkirche in Tlalmanalco, México, das sich zuerst im Schiff der Kirche befand und jetzt im Presbyterium steht, sowie das Retabel des Hl. Josef in der Dominkanerkirche in Amecameca, México; beide haben reich verzierte Skulpturen und keine

Bundesstaat Oaxaca. Oaxaca. Kathedrale. Das Portal wird von den Baukörpern der Glockentürme eingerahmt, die einteilig sind, da die Region erdbebengefährdet ist.

Bundesstaat Oaxaca. Oaxaca. La Soledad. Das fast die gesamte Fassade ausmachende Portal hat verschiedene Ebenen, eine Spielart des Barock, die die für Verzierungen zur Verfügung stehende Fläche vergrößert.

Gemälde. Der wohl zu Ende des 17. oder Beginn des 18. Jahrhunderts geschaffene Altaraufsatz der Dominikanerkirche in Yanhuitlán, Oaxaca, hebt sich durch die Dynamik seiner verschiedenen Ebenen hervor; er stellt sicherlich eines der bemerkenswertesten Beispiele des salomonischen Barock und des mexikanischen Barock überhaupt dar. Die Mode des churrigueresken oder spanischen Barock hat in Neuspanien viel Begeisterung ausgelöst. Wem immer es möglich war, die Elemente des salomonischen Barock in den Fassaden und Retabeln der Kirchen auszutauschen, oder wer eine neue Kirche erbauen ließ, der tat dies nach den Vorgaben des churrigueresken Stils, der wiederum in verschiedenen Varianten zum Ausdruck kam. Das entscheidende Element dieses Stils, der Pilaster, konnte einfach, ohne zusätzlichen Schmuck, aber auch

Bundesstaat Oaxaca. Yanhuitlán. Dominikanerkloster. Bogenwerk des unteren Kreuzgangs. Rippengewölbe. 16. Jahrhundert.

Bundesstaat Oaxaca. Yanhuitlán. Dominikanerkirche und -kloster. Die Fassade aus dem 16. Jahrhundert hat ein Portal aus dem 17. Jahrhundert.

Linke Seite, oben. Bundesstaat Oaxaca. Cuilapan. Basilika. Die Bögen teilen die rechteckige Anlage in drei Schiffe. 16. Jahrhundert.

Linke Seite, unten. Bundesstaat Oaxaca. Cuilapan. Basilika. Niedrige Türme umrahmen das Portal. Die Seitenwände haben eine Reihe von bogenförmigen Durchbrüchen, die der Luftzufuhr des Innenraums dienten. 16. Jahrhundert.

Bundesstaat Oaxaca. Teposcolula. Die Offene Kapelle zeigt Renaissance-Elemente. 16. Jahrhundert.

ganz von Ornamenten überzogen und mit weichen Linien gearbeitet sein; manche der Pilaster wagen sich kaum aus der Mauer hervor, andere stehen ganz selbstbewußt und frei; wieder andere haben anstelle des würfelförmigen einen gerundeten Sockel. Eine spätere Entwicklung sind die Nischen-Pilaster, ganz zuletzt verschmelzen sie mit der Struktur des Retabels, wodurch dieses im Grunde gar keine Pfeiler- oder Säulenelemente mehr aufweist. Die ersten mit Pilastern versehenen churrigueresken Altaraufsätze waren die zwischen 1727 und 1728 errichteten und mittlerweile verschwundenen Retabeln der Kirche San Sebastián in Mexiko-Stadt. Im gleichen Zeitraum errichtete man auch in Toluca, México, die ebenfalls nicht mehr existierenden Retabeln der Sakristei der Kirche San Francisco. Zeitlich etwas später (1732) liegt der Beginn am Aufsatz des Gnadenaltars in der Kathedrale in Mexiko, in diesem Jahr wird auch der Königsaltar dieser Kathedrale fertiggestellt. Dieses grandiose Retabel war möglicherweise entscheidend für den Beifall, den dieser Stil erntete. In vielen Kirchen und Kapellen findet man also churrigueresken Retabeln verschiedenster Varianten vor, wie die schönen Arbeiten in den folgenden Kirchen zeigen: San Francisco Javier de Tepotzotlán, México; Santa Prisca in Taxco, Guerrero; die Augustinerkirche in Salamanca, Guanajuato; La Valenciana bei Guanjuato, sowie die Klosterkirchen Santa Clara und Santa Rosa in Querétaro mit ihrer Vielfalt an barocken Pfeilern. Diese Kunstwerke wurden nicht nur aus aufwendig geschnitztem und vergoldetem Holz, sondern auch von geübten Metzen kunstvoll in Stein gearbeitet. Zu sehen ist das an der Kirche El Carmen in San Luis Potosí, dem "prunkvollsten und überladensten Werk des mexikanischen Barock", so-

Bundesstaat Chiapas. San Cristóbal de las Casas. Santo Domingo. Salomonische Säulen und Mörtelverzierungen kennzeichnen diese Fassade.

Unten links. Bundesstaat Chiapas. San Cristóbal de las Casas. Santo Domingo. Innenraum. Eines der barocken Retabeln, die die Wände des Kirchenschiffs verkleiden.

Bundesstaat Chiapas. San Cristóbal de las Casas. Haus von Don Luis de Mazariegos (irrtümlich de Tobilla genannt). Schlichtes doch würdiges platereskes Portälchen. Das Fenster wird von kleinen Balustradensäulen flankiert. 16. Jahrhundert.

Bundesstaat Chiapas. San Cristóbal de las Casas. Kathedrale. Die Fassade wird von den drei Portalen bestimmt. Das erste hat außergewöhnliche halbkreisförmige Bögen, alle drei sind mit sehr feinen Mörtelverzierungen geschmückt (1718-1721).

Oben rechts. Bundesstaat Chiapas. San Cristóbal de las Casas. Kathedrale. Kanzel mit schönem Schnitzwerk und einem Atlanten als Stütze.

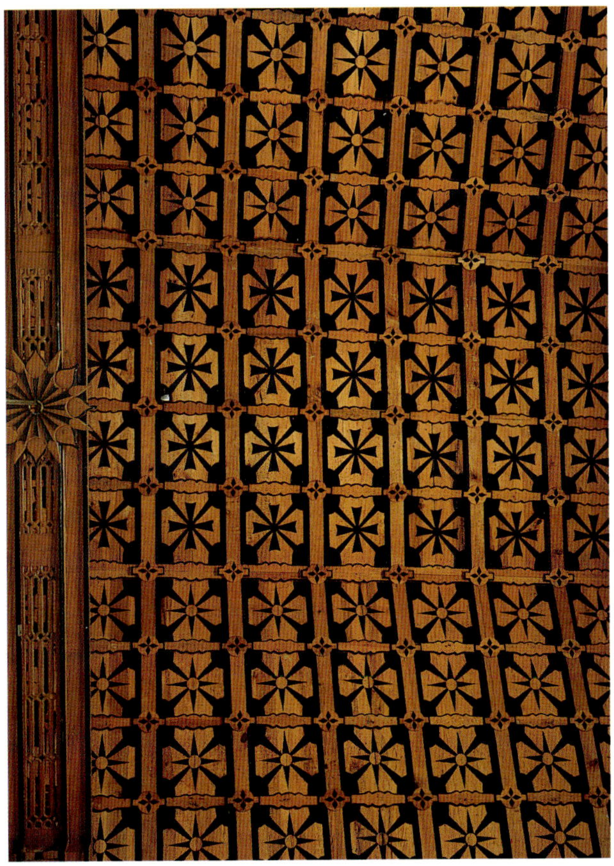

Bundesstaat Chiapas. San Cristóbal de las Casas. Kathedrale. Detail der Täfelung mit Mustern im Mudéjar-Stil.

Bundesstaat Chiapas. Chiapa de Corzo. Eines der wichtigsten Baudenkmäler hispano-arabischer Kunst. Der aus behauenen Ziegeln gebaute Brunnen wurde 1557 von Bruder Rodrigo de León begonnen und 1562 vollendet.

Rechte Seite, oben links. Bundesstaat Yucatán. Mérida. Die einzige Kathedrale, die im 16. Jahrhundert fertiggestellt wurde, hat drei Renaissance-Portale.

Rechte Seite, rechts. Bundesstaat Yucatán. Mérida. Haus von Francisco Montejo, dem Eroberer Yucatans, mit seinem plateresken Portal. 16. Jahrhundert.

Rechte Seite, unten. Bundesstaat Yucatán. Mérida. San Juan Bautista. Ursprünglich aus dem 17. Jahrhundert, im 18. Jahrhundert rekonstruiert.

wie an den aus Alabaster (Onyx) geschnittenen gewundenen Säulen der Kirche San José Chiapa, Puebla, und dem Retabel der Kathedrale Pueblas.

MALEREI. Die neuspanische Malerei mußte sich aus verschiedenen Gründen auf religiöse Themen, Portraits und die Darstellung der gesellschaftlichen Gruppen (Kasten), das eine oder andere Stilleben sowie urbaneThemen und Ansichten beschränken. Diese und höfische Motive fand man hauptsächlich auf Wandschirmen, auf die auch Szenen der mexikanischen Eroberung gemalt wurden. Mythologisches wurde gelegentlich dargestellt, wie in Antonio Enríquez' Werken "Flora con sus asistentes antes de una bacanal" (Flora und ihre Gehilfen vor einem Bacchanal) und "Muerte de Procris" (Procris' Tod), die 1735 datiert und gezeichnet sind (1981 auf dem Markt). Große Gemälde mit Darstellungen aus dem Leben des Erlösers, der Jungfrau Maria oder von Heiligen hingen in Kreuzgängen und Treppenhäusern von Klöstern oder Schulen oder in Sakristeien (in den Kathedralen von Mexiko, Puebla, Guadalajara u.a.). Bilder für Kirchen, Klöster und Privathäuser erfreuten sich reger Nachfrage. In diesem engen Kreis gelangten im 17. Jahrhundert ausgezeichnete Künstler zur Entfaltung, wie z.B. Baltasar de Echave Ibía, der seine Werke in zarte Blautönung hüllt; andere malten die Figuren kräftig und überaus ausdrucksvoll und beherrschten meisterhaft das Clairobscur, ein Einfluß von Zurbarán und José Rivera sowie Sebastián López de Arteaga und Pedro Ramírez. Alonso López de Herrera zeigt allergrößte Detailfreude; Diego de Borgraf malt mit Genuß und ausgesprochener Feinheit die Landschaft im Hintergrund oder die Umgebung der Figuren. Zu erwähnen sind auch Luis Juárez mit seinen Engeln mit fast zerzaust wirkendem, lockigem Haar sowie seine noch ausdrucksstarken Nachfolger, Juan und Nicolás

Bundesstaat Yucatán. Izamal. Franziskanerkloster und -kirche. Äußerst weitläufiges Bogenwerk, das das riesige Atrium dieser Klosteranlage umrahmt. 16. Jahrhundert.

Rechte Seite, oben. Bundesstaat Yucatán. Maní. Franzisaknerkirche und -kloster. Wie die meisten Bauwerke dieses Ordens sind Kirche und Kloster architektonisch schlicht gehalten. 16. Jahrhundert.

Rechte Seite, unten. Bundesstaat Yucatán. Dzidzantún. Franziskanerkirche. Diese restaurierte Kirche, hier die Ansicht mit der Apsis, wirkt recht massiv. 16. Jahrhundert.

Rodríguez Juárez. Ferner Juan Correa, ein sehr produktiver Künstler, der seine Engel vornehm kleidet; Cristóbal de Villalpando mit seinen bisweilen genialen, bisweilen genialisch nachlässigen Pinselstrichen. Letztere kann man als die letzten Vertreter des goldenen Zeitalters der neuspanischen Malerei bezeichnen. Im 18. Jahrhundert tritt die Bildgestaltung zugunsten eines exzellenten und genauen Zeichenstils und einer frischen und zarten Farbgebung zurück. Einen Großteil jenes Jahrhunderts leben und arbeiten vier Maler, die einander sehr ähnlich sind, in ihrer Art zu zeichnen, in der Farbgebung und in ihren schon von Schwäche gekennzeichneten Figuren: José de Ibarra (1688-1756), Miguel Cabrera (1695-1768), Francisco Antonio Vallejo und José de Alcíbar. Der zweite ist der Bekannteste von ihnen. Kaum eine wichtige Stadt des Vizekönigreichs, die nicht ein Bild von ihm hätte, und kaum ein gutes Bild, das nicht ihm zugeschrieben würde. Kennzeichnend für Cabrera ist die Schönheit und Lieblichkeit seiner Madonnen. Als Portraitmaler hinterließ er großartige Arbeiten. Auch Andrés López, Francisco Martínez, der auch Vergolder war, und José de Paez dürfen nicht unerwähnt bleiben. Schließlich gab es auch in anderen mexikanischen Städten bemerkenswerte Künstler: In Puebla, José Joaquín Magón, Juan Tinoco und Miguel Jerónimo de Zendejas. In Guadalajara, Antonio Enríquez (seine Schaffensperiode lag zwischen 1735 und 1749) und Diego de Cuentas.

BILDHAUEREI. Die barocke neuspanische Bildhauerei hatte es nicht leicht im Wettbewerb mit den Einfuhren aus Guatemala, die die örtlichen Arbeiten fast immer übertrafen. Denken wir auch an die Marmorbildnisse, die aus dem Orient eingeführt wurden. Dennoch wurden hier äußerst beachtenswerte und reich verzierte Stücke angefertigt; die Stoffe wehen leicht, und die Ausgestaltung der Hände und Gesichtszüge sind von großer Feinheit. Von den bedeutendsten Bildhauern sind José Antonio Villegas Cora und José Zacarías Cora in Puebla, und Ignacio Mariano de Casas und Francisco Martínez Gudiño in Querétaro zu nennen.

Bundesstaat Durango. Durango. Kathedrale. Innenraum. Schönes und aufwendig gearbeitetes Chorgestühl. 17. Jahrhundert.

Rechte Seite. Bundesstaat Chihuahua. Chihuahua. Kathedrale. Zwischen 1725 und 1760 als Pfarrkirche errichtet, 1891 zur Kathedrale erhoben. Das Portal mit freistehenden Säulen ist hochbarock.

Bundesstaat Durango. Durango. Kathedrale. Seitenportal mit salomonischen Säulen und zwei Estípites. 18. Jahrhundert.

José Juárez. Erscheinung der Jungfrau mit dem Kinde vor dem Hl. Franziskus. Zahlreiche Figuren mit ausgesprochen lieblichem Gesichtsausdruck füllen die Leinwand und lassen keinen Raum für eine landschaftliche oder bauliche Umgebung. Das Kind am unteren Bildrand ist vermutlich der Sohn des Stifters.

Unten links. Don Antonio de Mendoza. Ein exzellentes Portrait des ersten Vizekönigs von Neuspanien, von unbekanntem Künstler. Museo Nacional de Historia. Schloß Chapultepec.

Alonso López de Herrera. Göttliches Antlitz. Dieses Werk ist sehr detailreich gestaltet; die Dornen der Krone, Haupthaar und Barthaare scheinen einzeln gemalt zu sein. 17. Jahrhundert.

Miguel Cabrera. Sor Juana Inés de la Cruz ist auf diesem außergewöhnlichen Portrait im Ordensgewand und mit dem Wappen oder Medaillon abgebildet, bereit zum Chorgang.

Unten. Baltasar de Echave Ibía. Portrait einer Dame. Bescheidenheit, Tugend und eine große Würde strahlt diese Aristokratin (möglicherweise Vizekönigin) aus. 17. Jahrhundert. Pinoteca Virreinal de San Diego. Mexiko-Stadt.

KLASSIZISMUS. Die Ausbreitung neuer Ideen in der zweiten Hälfte des 18. Jahrhunderts, die Kunstakademien und der Überdruß an Barockem, das keinerlei Perspektive mehr bot, führten dazu, daß man nach anderen Kunstformen suchte. Durch die Entdeckung im Jahr 1748 von Pompeji und Herculaneum, deren Erforschung der Welt die unter der Vesuvasche begrabenen Städte offenbarte, entwickelte sich eine Vorliebe für die klassischen Formen: der Klassizismus. In Neuspanien wurden zunächst klassizistische Elemente vorsichtig in barocke Werke integriert; plötzlich erlebte der Klassizismus einen großen Durchbruch und führte nicht nur zu reger Bautätigkeit, sondern bereitete dem Barock, der nun als Ausdruck schlechten Geschmacks galt, ein Ende. Die Ankunft des valencianischen Bildhauers Manuel Tolsá in Mexiko gab den modernen Tendenzen, die den mexikanen Baumeister Francisco Eduardo Tres Guerras stark ansprachen, neue Impulse. Diese beiden sind auch die Schöpfer der wichtigsten klassizistischen Werke. Der Palacio de Minería (1797-1813), wegen seiner Architektur und eindrucksvollen Größe wahrlich ein Palast, stammt von Tolsá; ebenso die Wohnhäuser des Markgrafen del Apartado und das des Grafen de Buenavista, die Hauptaltäre der Kirchen Santo Domingo und La Profesa (wobei zuvor die barocken zerstört wurden) sowie Werke in der Kathedrale - alle in Mexiko-Stadt. In Puebla entwarf er den Hochaltar der Kathedrale (1797-1819), der dann von anderen Künstlern ausgeführt wurde. Ignacio Castera und Agustín Paz haben wir in der Hauptstadt die Loreto-Kirche (1806-1809-1816) mit einer eindrucksvollen Kuppel zu verdanken. Dort errichtete Miguel Constansó die unter dem Namen "Ciudadela" (Zitadelle) bekannte Tabakhandlung (1807) und den Kreuzgang des Klosters La Encarnación, heute Erziehungsministerium. Er zeichnete auch die Pläne für den Regierungspalast der Stadt San Luis Potosí. Von Tres Guerras stammen die Kirchen Teresitas in Querétaro (1803-1806) und El Carmen in Celaya (1802-1807) sowie das Colegio de la Enseñanza in Irapuato (1810). Der Wohnsitz des Grafen de Casa Rul in Guanajuato wird in jüngster Zeit mit großer Wahrscheinlichkeit Tolsá zugeschrieben. Dieser zeichnete auch den Plan für das Cabañas-Hospiz in Guadalajara.

Baltasar de Echave Orio. Das Gebet im Garten. Ein Engel tröstet den bedrückten Heiland. Die beiden Figuren beherrschen das Bild. 16. Jahrhundert. Pinacoteca Virreinal de San Diego. Mexiko-Stadt.

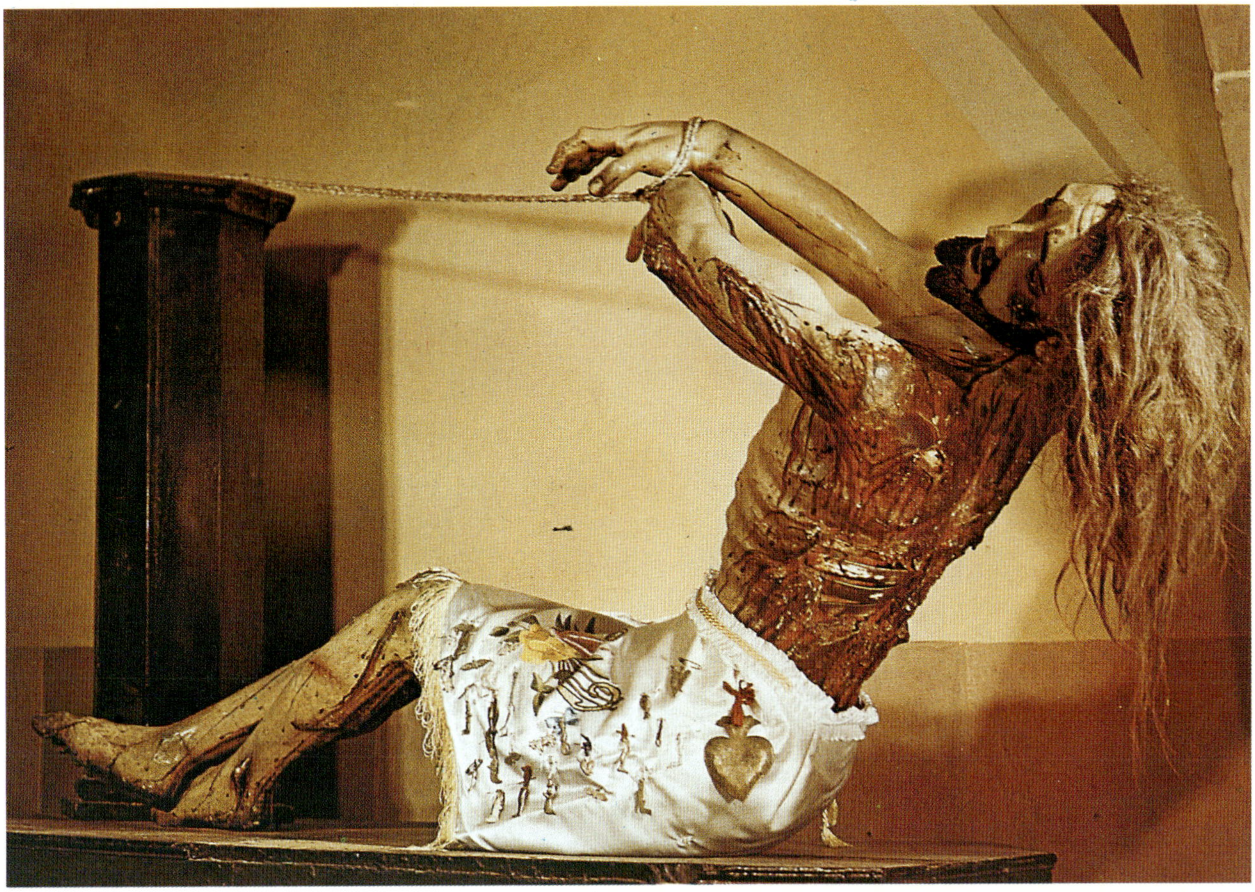

Anonym. Christus, an die Säule gefesselt. Pathetische Skulptur, bei der mit Wunden und Blut übertrieben wird. 18. Jahrhundert. Pfarrkirche Señor del Desmayo. Salvatierra, Guanajuato.

Christusfigur aus Elfenbein. In Neuspanien gab es nicht wenige solcher Skulpturen, die mit der Galeone Manila (Nao de China) aus dem Orient eingeführt wurden. 18. Jahrhundert. Privatsammlung.

Nuestra Señora de los Dolores de la Soledad. Die geschnitzte Figur trägt reich bestickte Gewänder. 18. Jahrhundert. San Agustín. Salamanca, Guanajuato.

Don Pedro Ruiz de Ahumada. Eine der besten der seltenen betenden Grabfiguren. Diese stellt einen Wohltäter der jesuitischen Novizen-Schule von Tepotzotlán dar. 17. Jahrhundert. Museo Nacional del Virreinato. Tepotzotlán, México.

Santa Lucía. Polychrome, holzgeschnitzte Skulptur aus dem 18. Jahrhundert. Museo Franz Mayer. Mexiko-Stadt.

Fast in allen Kirchen wurden die barocken Retabeln durch kalte klassizistische Altäre ersetzt, die meist in jeder Hinsicht wertlos waren. Als wichtigster Bildhauer dieser neuen Kunstrichtung muß Tolsá gelten, der eine der schönsten Reiterstatuen der Welt geschaffen und in Bronze gegossen hat, nämlich die von Karl IV., allgemein bekannt als "El Caballito" (das Pferdchen). Desgleichen schuf er mehrere Marienstatuen und -büsten sowie Figuren wichtiger Persönlichkeiten jener Epoche.

MUSIK UND LITERATUR. Aus der nicht sehr gründlich erforschten mexikanischen Musik der Epoche des Vizekönigtums werden nachfolgend einige der bekanntesten Komponisten und manche ihrer Werke genannt, die vor allem in den Bereich der geistlichen Musik fallen; die Zahlen in Klammern geben den Zeitraum ihres Schaffens an. Hernando Franco (1575-1585), hat uns einige Vokalkstücke hinterlassen, wie das Sancta Mará yn ilhuicac cihuapille (Hl. Maria, himmlische Königin), eine der ältesten bekannten Motetten, sowie ein Magnificat. José de Loaysa y Agurto hat Gedichte von Sor Juana Inés de la Cruz vertont. Das Werk des Komponisten Antonio de Salazar (1688-1715) ist beträchtlich und umfaßt unter anderem Messen, Te Deums und Motetten. Manuel de Sumaya (1708-1739) hat im Jahr 1708 das Musikdrama El Rodrigo verfaßt, 1711 wurde im vizeköniglichen Palast in Mexiko-Stadt seine Oper La Parténope uraufgeführt, die erste in Mexiko geschriebene Oper. Von Ignacio Jerusalem (1739-1769) seien hier zwei Werke genannt: Alegres Luces del Día und Cuando la Primavera.Zu Beginn des 19. Jahrhunderts schuf der Komponist Manuel de Arenzana die zweite bis heute bekannte mexikanische Oper, El Extranjero, die 1806 in dem noch heute erhaltenen Theater in Puebla uraufgeführt wurde. Ebenso wurden Werke großer, aber auch weniger bekannter europäischer Meister aufgeführt, wie zum Beispiel von Giacomo Facco, einem in Europa vergessenen Autor. Die Hofmusik wurde vor allem von den Modetänzen des "alten Kontinents" bestimmt, aus Mexiko scheinen die Sarabande und die Chaconne zu stammen.

Vertreter der Poesie Neuspaniens waren Dichter wie Bernardo de Balbuena, der das schöne, der Stadt Mexiko gewidmete Gedicht Grandeza Mexicana (1602-1604) ge-

Reiterbildnis des spanischen Königs Karls IV. Dieses Werk von Manuel Tolsá gilt als eines der schönsten seiner Art. Plaza de Manuel Tolsá. Mexiko-Stadt.

schrieben hat. Der Augustinermönch Miguel de Guevara (1585-1664?), Autor des Sonetts A Jesús Crucificado (An den gekreuzigten Christus), das mit den Worten beginnt “Dich zu lieben kann mein Gott mich nicht bewegen...,” das übrigens mehreren Autoren zugeschrieben worden war, hat in dem Sonett El Tiempo y la Cuenta, in dem er ein schönes barockes Wortspiel mit “Tiempo” und “Cuenta” bildete, eines seiner schönsten Gedichte geschaffen. Krönung der mexikanisch-spanischen Dichtkunst ist jedoch Sor Juana Inés de la Cruz (1651-1695), eine hervorragende Dichterin universaler Größe, die eine Vielzahl von Gedichten, Sonetten sowie Theaterstücken hinterlassen hat. Ebenfalls zu nennen wäre hier noch der barocke Meister Don Carlos de Sigüenza y Góngora (1645-1700). Aus dem 18. Jahrhundert ist der in Mexiko ausgebildete guatemaltekische Jesuit Rafael Landívar und sein lateinisches Gedicht Rusticatio Mexicana (Die Felder Mexikos) zu nennen, in welchem er das damalige Vizekönigreich Neuspanien beschreibt.

KUNST AUS GOLD, SILBER UND ANDEREN METALLEN. Es wäre ungewöhnlich, wenn ein Land, mit so hoher Gold- und vor allem Silberproduktion und einem traditionsreichen Gefallen an der Gold- und Silberschmiedekunst, aus diesen Metallen zusätzlich zu den Münzen nicht auch regelrechte Kunstgegenstände hergestellt hätte. Zahlreiche solcher Objekte wurden hier geschaffen, jedoch viele von ihnen später - aufgrund des Eigenwertes des Metalls - wieder eingeschmolzen und zu Münzen und anderen Objekten verarbeitet. Aus dem 16. Jahrhundert sind noch einige Gegenstände vor allem aus Silber erhalten, wie ein kleines und kostbares, mit zierlichen Balustersäulchen und süßen Engelchen geschmücktes Reliquar im plateresken Stil, das 1578 von dem wohlhabenden Minenbesitzer Alonso de Villaseca in Auftrag gegeben worden war. Monstranzen, glöckchenverzierte Kelche, Hostienschalen, Kreuze und Leuchter, aber auch Utensilien des täglichen Gebrauchs und Schmuck wurden aus den Edelmetallen hergestellt. Aus dem 17. und

Monstranz. In dieser äußerst feinen Arbeit stützt ein kleines Engelchen die Sonne der Monstranz. Vergoldete Silberziselierarbeit. 18. Jahrhundert. Museo Nacional del Virreinato. Tepotzotlán, México.

18. Jahrhundert stammen ebenfalls liturgische Kelche und andere Gegenstände wie Lampen und Leuchter aus ziseliertem und getriebenem, teils auch vergoldetem Silber. All dies befindet sich heute in Kirchen und einigen Museen. Das Taufbecken sowie eine monumentale Monstranz der Kathedrale in Morelia, beide aus Silber gearbeitet, zeugen noch heute von dem einstigen Reichtum dieser Kirche. Auch aus Gold sind Kelche und andere liturgische Objekte sowie Juwelen noch heute in Museen und Privatsammlungen erhalten; Eisen, Kupfer, Bronze und Messing waren ebenfalls verwendete Metalle. Aus Eisen waren vor allem die Balkone und Gitter vor allem der Kapellen einiger Kirchen; zudem sind einige wunderschöne, hervorragend gearbeitete Exemplare von Schloßbeschlägen erhalten. Messing und Bronze wurden zur Herstellung von Kerzenhaltern, Lämpchen, Tintenfässern oder Kronleuchtern eingesetzt; aus Kupfer machte man Töpfe, Krüge, Pfannen und andere Küchengerätschaften.

MOBILIAR. Die von den Spaniern eingeführten Möbel wurden bald durch die Möbel indianischer Herkunft beeinflußt oder sogar von diesen ersetzt. Aufgrund des wenig dauerhaften Materials sind aus dem 16. Jahrhundert nur wenig Möbelstücke erhalten, etwas mehr aus dem 17. Jahrhundert, wahrhaft ausgezeichnete Exemplare jedoch aus dem 18. Jahrhundert. An diesen Möbelstücken werden die typisch barocken Elemente wie geschwungene Beine, die teilweise in Tierkrallen mit Kugeln enden, oder geschwungene Seitenwände sichtbar. Besonders schön ist das an manchen runden Tischen zu sehen, die fuer den Gebrauch in Sakristeien oder auch im Haus bestimmt waren. Weit verbreitet waren auch Kasten oder Truhen zum Aufbewahren von Kleidung, Geschirr und wertvollen Gegenständen. Der Kleiderschrank wird erst später eingeführt, im Museum von Querétaro und der Sakristei der Kathedrale zu Tepiv, Nayarit, sind noch wundervolle, geschnitzte Exemplare aus dem18. Jahrhundert zu sehen. Manche der Chöre in den Kathedralen oder Mönchsklöstern zeigen noch heute ihr originales Chorgestühl aus dem 16. bis 19. Jahrhundert.

Oben links. Krug. Vergoldete Silberziselierarbeit. 17. Jahrhundert. Privatsammlung.

Oben rechts. Segnender Christus oder Göttlicher Erlöser. Federmosaik aus dem 16. Jahrhundert; das beste unter den bis heute bekannten. Museo Nacional del Virreinato. Tepotzotlán, México.

Bemerkenswerte Arbeit aus durchbrochenem Eisen. 17. Jahrhundert. Museo Nacional de Historia, Schloß Chapultepec.

Truhe. Solche Truhen wurden zu Zeiten des Vizekönigtums und im 19. Jahrhundert gerne benutzt, um Kleidung und Geschirr aufzubewahren und zu transportieren. 18. Jahrhundert. Museo Nacional de Historia. Schloß Chapultepec.

Schale. Glasiertes Steingut aus Puebla. Dicke weiße Glasur mit Verzierungen in zwei Blautönen. 17. Jahrhundert. Museo Bello. Puebla, Puebla.

2
26
9
6
19
25
10
3
32
24
1
18
12
22
15
16
11
7
13
PAZIFIK
IM TEXT ZITIERTE BUNDESSTAATEN MEXIKOS

1. Aguascalientes
2. Niederkalifornien Nord
3. Niederkalifornien Sud
4. Campeche
5. Mexiko-Stadt
6. Coahuila
7. Colima
8. Chiapas
9. Chihuahua
10. Durango
11. Bundesstaat México
12. Guanajuato
13. Guerrero
14. Hidalgo
15. Jalisco
16. Michoacán
17. Morelos
18. Nayarit
19. Nuevo León
20. Oaxaca
21. Puebla
22. Querétaro
23. Quintana Roo
24. San Luis Potosí
25. Sinaloa
26. Sonora
27. Tabasco
28. Tamaulipas
29. Tlaxcala
30. Veracruz
31. Yucatán
32. Zacatecas

KOLONIALES MEXIKO

Idee und Entwurf: Casa Editrice Bonechi
Verlagsdirektor: Monica Bonechi
Umschlaggestaltung: Sonia Gottardo
Layout: Laura Settesoldi
Redaktion: Simonetta Giorgi

Via Cairoli 18b
Telf. +39 55 576841 - Fax +39 55 5000766
E-mail: bonechi@bonechi.it - Internet: www.bonechi.it
50131 Florenz, Italien

ISBN 88-476-0064-2

KOLONIALES MEXIKO

Idee und Entwurf: Monclem Ediciones
Verlagsdirektor: Concepción Cadena
Umschlaggestaltung: Angel Escobar
Redaktion: Angel Escobar
Übersetzung: Andrea Löbau

Leibnitz 31
Col. Anzures
11590 México, D.F.-México
Telf. 520 81 67 - Fax 202 88 14

ISBN 968-6434-74-7

Druck in Italien:
Centro Stampa Editoriale Bonechi

Vertrieb:
Monclem Ediciones S.A. de C.V.
Leibnitz 31
Col. Anzures
11590 México, D.F.-México
Telf 545 77 42
Fax 203 46 57

* * *

Autor:
Eugenio Noriega Robles ist Spezialist auf dem Gebiet der mexikanischen Kunst der Kolonialzeit und war Direktor des zum Nationalen Institut für Anthropologie und Geschichte gehörenden Nationalmuseums des Vizekönigreiches gewesen. Innerhalb des Instituts hatte er verschiedene Funktionen inne, wie zum Beispiel Professor für mexikanische Geschichte, Universalgeschichte sowie Kulturgeschichte. Zudem ist er Verfasser zahlreicher Bücher und Artikel über die Kunst der Kolonialzeit.

FOTONACHWEIS

G. Dagli Orti, S.: 4, 7, 8, 9 oben und unten, 10 oben und unten, 11 oben und unten, 12 oben und unten, 13, 14 oben und unten, 15 oben und unten, 16, 17, 18, 20 oben, 22 unten, 23 oben und unten, 24 oben, 26, 27 unten, 28, 29, 30 oben und unten, 31, 32 oben und unten, 33, 34 links, 35 oben, 36 oben und unten 37, 38 oben und unten, 39 oben und unten, 40 oben und unten, 41, 42, 43, 44 oben und unten, 45 oben und unten, 47 oben und unten, 48 oben und unten, 49, 50 oben und unten, 51 oben und unten, 52, 53 oben und unten, 54, 55, 56, 57 oben und unten, 58, 59 oben und unten, 60 oben und unten, 61, 64 unten, 66 oben und unten, 67, 69 oben, 70 oben und unten, 71, 73 oben und unten, 74, 75, 77 oben und unten, 78 unten, 79, 80, 81 oben und unten, 83, 84 oben und unten, 85, 86 oben und unten, 87, 88 oben und unten, 92 oben und unten, 93 oben und unten 94.

Walter Reuter, S.: 22 oben, 24 unten, 64 oben, 89 oben und unten, 91, 96, 98 oben, 103 oben, 104, 107, 108 oben rechts 109 unten.

B. Schalkwyk, S.: 5 und 6 oben und unten.

Michael Calderwood, S.: 46,62-63 und 68-69.

Jorge Vertiz, S.: 63 oben, 103 unten, 105 oben rechts und 108 oben links.

Alberto Ríos, S.: 27 oben und 78 oben.

Javier Hinojosa, S.: 101 oben und 108 unten.

Michel Zabe, S.: 109 oben.

Guillermo Aldana, S.: 95 oben rechts und 97 oben.

Lourdes Grobet, S.: 35 unten.

Archivo Hachte Latinoamérica, S.: 19, 20 unten, 21 oben und unten, 25 oben und unten, 34 rechts, 65, 72 oben und unten, 76 oben und unten, 82 oben und unten, 95 oben links und unten, 97 unten, 98 unten, 99, 100 oben und unten, 102 y 105 oben unten links.

Archivo Monclem, S.: 90 oben und unten und 106.

MUSEEN:
Nationalmuseum des Vizekönigreiches. Tepotzotlán.
Nationalmuseum für Geschichte, Schloß Chapultepec. Mexiko-Stadt.
Pinakothek des Vizekönigreiches. Mexiko-Stadt.
Franz Mayer Museum. Mexiko-Stadt.
Regionalmuseum. Stadt Querétaro.
Bello Museum. Stadt Puebla.
Und Privatsammlungen.